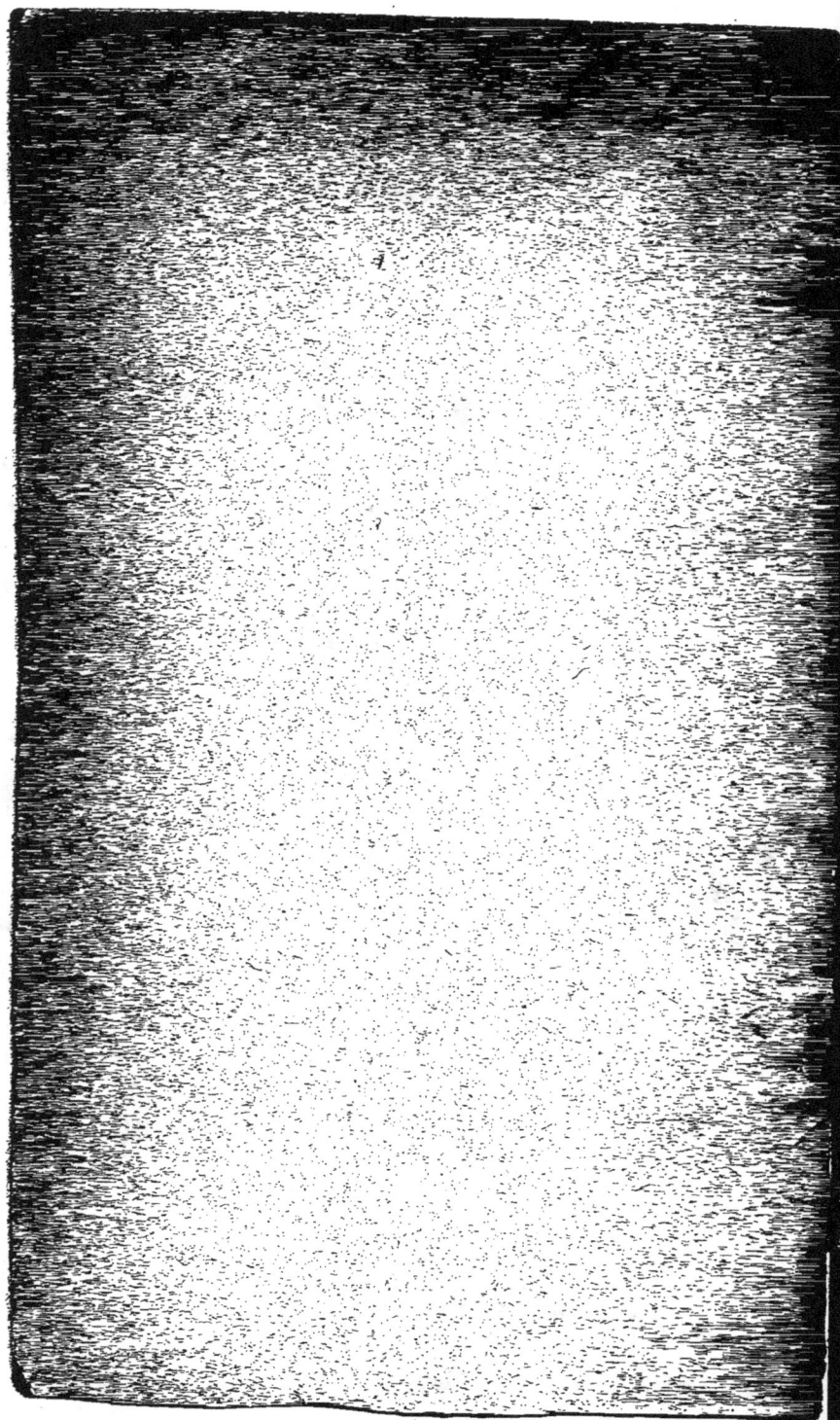

V

NOTES.

Notes

POUR SERVIR A RÉSOUDRE QUELQUES-UNES DES QUESTIONS
QUI SE PRÉSENTENT LE PLUS SOUVENT LORSQU'ON
PROJETTE OU QU'ON DIRIGE DES
TRAVAUX PUBLICS.

PAR E. BERTHOT,

INGÉNIEUR DES PONTS ET CHAUSSÉES.

A AVALLON,

CHEZ COMYNET, IMPRIMEUR-LIBRAIRE.

A PARIS,

CHEZ CARILLAN-GOEURY, LIBRAIRE,

QUAI DES AUGUSTINS, N°. 41.

1837.

A mon ancien Maître.

M. BRISSON.

INTRODUCTION.

———

Pour projeter ou pour diriger un travail à construire, on se trouve presque journellement obligé de
chercher des formules, soit au moyen de l'analyse,
soit en consultant des ouvrages : ces recherches sont
souvent fastidieuses, et nous avons pensé qu'il serait
peut-être utile de présenter, en un recueil, les formules brutes, au moyen desquelles on pourrait résoudre
une partie des questions qui se présentent le plus
souvent.

Nous n'avons point la prétention de donner ces
notes comme un ouvrage qui offrirait des résultats
nouveaux ; nous ne voulons pas même fournir les
explications des formules ni des calculs qui y conduisent ; car le seul mérite de ce petit livre sera d'être
portatif, et de reproduire les résultats qu'il faudrait
aller chercher dans des ouvrages plus ou moins volu-
mineux, et qu'on n'a pas toujours à sa disposition.

Nous ne pensons pas qu'il soit nécessaire de citer
les auteurs auxquels nous empruntons la majeure
partie des formules, un très-petit nombre ont été
l'objet de nos propres recherches. Notre but est de
faciliter les calculs usuels ; s'il est atteint, et que

1.

nous puissions épargner du temps et des peines à des personnes laborieuses, qui ont le désir de se rendre utiles, nous ne regretterons pas d'avoir consacré quelques instans de loisir à la rédaction de ces notes.

1. La plupart des questions qu'on est obligé de résoudre par le calcul, conduisent à chercher un ou plusieurs nombres qui, lorsqu'on les a déterminés, donnent la mesure de ce qui avait fait l'objet de la question.

On peut, d'après cela, considérer qu'il peut se présenter deux espèces de questions, savoir : les questions explicites et les questions implicites.

2. Nous appellerons questions explicites, celles qui conduisent à mesurer un objet directement sur l'objet lui-même.

3. Nous appellerons questions implicites, celles qui conduisent à chercher la mesure d'un objet, au moyen des rapports plus ou moins indirects qu'il peut avoir avec d'autres objets déjà mesurés.

4. Toutes les questions, en général, consistent donc à chercher un nombre qui représente la mesure d'un objet quelconque, soit dans l'hypothèse où l'on peut mesurer directement cet objet lui-même, soit dans le cas où l'on ne peut obtenir cette mesure qu'indirectement.

Or, pour cela, il faut avoir une mesure de même espèce que l'objet auquel on doit la comparer; et pour être compris de tout le monde, il faut qu'elle soit généralement reconnue et adoptée. Nous devons

dire que ce besoin a été senti long-temps avant que
les hommes aient eu entr'eux des relations assez éten-
dues, pour que les conventions au sujet des mesures
fussent générales : aussi chaque localité avait adopté
son unité particulière pour chaque objet, et il en
résultait une grande confusion, quand on passait d'un
lieu à un autre.

Plus tard, par l'effet de la centralisation, on a
cherché à mettre de l'uniformité dans le langage du
calcul, comme dans les idiômes, et pour cela on a
imposé des unités de mesures, identiques partout, et
on en a pris, autant que possible, les étalons dans la
nature, afin de les rendre invariables.

Les principaux objets susceptibles d'être mesurés
sont l'espace, le temps, les forces, etc. Les unités qui
peuvent servir de termes de comparaison s'appellent
unités concrètes.

§. Ier.

SYSTÈME D'UNITÉS CONCRÈTES ADOPTÉ.

MESURE DE L'ESPACE.

5. Dans l'espace, il faut considérer les longueurs,
les surfaces et les volumes ; ainsi, il faut avoir pour
l'évaluer dans toutes les circonstances, trois espèces

d'unités, savoir : les unités   longueur, les unités surface, les unités volume.

Unités longueur.

6. Le *Mètre*, qui est la dix millionième partie du quart d'un méridien terrestre, est l'unité longueur adoptée généralement.

On s'en sert pour mesurer les longueurs ordinaires.

Dans la pratique, il convient qu'il n'y ait pas une trop grande disproportion entre l'objet à mesurer et l'unité que l'on emploie : ainsi, le mètre serait incommode, pour mesurer de très-petites ou de très-grandes longueurs. On a eu égard à cette observation, et l'on a déduit du mètre une suite d'autres unités longueur, qu'on peut approprier aux diverses circonstances.

Ces unités sont :

Le *Décimètre*, qui est la dixième partie d'un mètre.

Le *Centimètre*, qui est la dixième partie du décimètre.

Le *Millimètre*, qui est la dixième partie du centimètre. On s'en sert pour mesurer les longueurs de plus en plus petites.

Le *Décamètre*, dont la longueur est de dix mètres.

L'*Hectomètre*, dont la longueur est de dix décamètres.

Le *Kilomètre*, dont la longueur est de dix hectomètres.

Le *Myriamètre*, dont la longueur est de dix kilomètres. On s'en sert pour mesurer des distances de plus en plus grandes.

La *Lieue de poste*, qui est aussi une unité longueur usitée, vaut quatre kilomètres.

7. Telles sont les unités longueur généralement adoptées. Autrefois, on mesurait tantôt avec la toise, tantôt avec le pied, ou bien avec l'aune, la perche, la lieue de pays, etc.; et ces unités, variées dans leurs noms, variées aussi dans leur rapport entr'elles, changeaient encore de valeur pour ainsi dire avec chaque canton.

Il importe beaucoup d'éviter l'emploi de ces mesures gothiques, afin d'en faire abandonner partout l'usage.

Unités surface.

8. Le *mètre carré*, qui est un carré ayant un mètre de côté, s'emploie pour mesurer les surfaces ordinaires.

Avec cent mètres carrés, on peut former un autre carré qui aurait dix mètres de côté; ce carré est la mesure agraire adoptée : on l'appelle *Are*.

L'are se divise en dix parties égales qu'on appelle *Déciares*, le déciare se divise en dix parties égales qu'on appelle *Centiares*.

Avec dix ares on fait un *Décare*; avec dix décares on fait un *Hectare*; avec dix hectares on fait un *Kilare*, et enfin avec dix kilares on fait un *Myriare*.

1*.

Toutes les unités surface, déduites de l'are, peuvent servir pour estimer les surfaces. Le décare le kilare et le myriare sont peu usités; l'hectare s'emploie quand il s'agit de vastes superficies.

Unités volume.

9. Le *Stère*, qui est un cube ayant un mètre de côté, est l'unité volume adoptée; on compte aussi, et même assez ordinairement, par mètres cubes, le mètre cube n'est pas autre chose que le stère.

Nous croyons devoir ici indiquer certaines expressions amphibologiques qu'il faut éviter, et insister sur la définition de celles qu'on emploie, et qui peuvent donner lieu à des interprétations fausses.

Ainsi, par exemple, si on disait que le volume d'un certain objet est de seize centimètres cubes, on pourrait entendre trois choses, savoir : un cube ayant pour côtés seize centimètres, seize cubes ayant chacun un centimètre de côté, et enfin seize centièmes d'un cube de un mètre de côté. Ces volumes sont très-différens, et l'on n'aurait pas à craindre une pareille confusion, si on comptait par stères, et par dixièmes et centièmes de stère.

Lors donc que l'on voudra énoncer la mesure d'un volume quelconque, il faudra énoncer le nombre qui le représente, et terminer en disant : le mètre cube, ou bien le centimètre cube, étant pris pour unité,

L'unité capacité est le *Litre*, c'est un vase dont on peut faire varier la forme, mais qui doit toujours contenir ce qui pourrait entrer dans un vase cubique qui aurait un décimètre de côté.

Le litre se divise en dix parties égales, qu'on appelle *Décilitres;* le décilitre se subdivise en dix *Centilitres*, etc.; avec dix litres, on forme un *Décalitre;* avec dix décalitres, un *Hectolitre*, etc.

MESURE DU TEMS.

10. La mesure du temps, qui suffit pour les usages ordinaires, est le *Jour*; ou compte sa durée depuis le passage du soleil au méridien des Antipodes, jusqu'à son retour sur ce même méridien.

Le jour se divise en 24 *Heures*, savoir : 12 heures depuis minuit, qui est l'instant où le jour commence, jusqu'à midi qui est le moment où le soleil passe au méridien du lieu où l'on se trouve, et douze heures depuis midi jusqu'à minuit qui est aussi l'instant où le jour finit.

L'heure se divise en soixante parties égales, qu'on appelle *Minutes,* la minute se divise en soixantes parties égales, qu'on appelle *Secondes;* la seconde vaut soixante *Tierces*, etc.

Avec sept jours on forme une *Semaine;* quatre semaines, plus un petit nombre variable de jours, forment ce qu'on appelle un *Mois*. L'*Année* vaut douze mois, le *Siècle* vaut cent ans.

Cette manière de compter le temps est tellement ancienne et si universelle, qu'il a fallu la respecter,

11. On reconnaît d'abord, que les subdivisions d'unités tems sont incommodes, parcequ'elles ne sont pas conformes au système décimal de numération : Ainsi, par exemple, si on avait 96967 minutes, on ne pourrait savoir combien ce tems comprend d'heures, qu'en divisant 96967 par 60 ; il faudrait ensuite diviser le quotient par 24, pour savoir combien ce même tems comprend de jours, puis ce nouveau quotient par 7 pour avoir le nombre de semaines. On trouverait ainsi, que 96967 minutes font neuf semaines, 4 jours, 8 heures et 7 minutes. Mais maintenant ces 9 semaines font plus d'un mois, et comme les mois valent 4 semaines, plus un certain complément variable, on tomberait dans l'embarras pour comparer des années, des mois et des semaines, si on n'expliquait pas d'avance, tout ce qui peut faire varier leurs rapports.

Au lieu de cela, si on avait 96967 décilitres, par exemple, l'expression d'un pareil volume se transformerait immédiatement et sans calcul, de manière à donner sa valeur en unités des divers ordres adoptés : ainsi on mettrait 969670 centilitres, ou bien 9696, 7 litres, ou 969, 67 décalitres ou bien encore 96, 967 hectolitres.

12. pour éviter tout embarras, on peut n'introduire dans une question que des unités tems de même espèce, et rétablir ensuite dans le résultat les unités des ordres qu'on désire y faire figurer.

13. Les jours ainsi qu'ils viennent d'être définis ont encore un autre inconvénient, c'est que leur durée est variable : ainsi en Europe les jours sont plus longs en hiver qu'en été, ces inégalités sont assez faibles pour qu'on n'ait pas besoin d'y avoir égard dans les calculs ordinaires.

MESURE DES FORCES.

14. On mesure les forces, comme on mesure toute autre chose, c'est toujours au moyen d'un terme de comparaison de même nature, que l'on choisit pour unité : il faut donc commencer par bien établir ce qu'on doit entendre par une unité force.

Comme les forces sont insaisissables, on les estime par leurs effets. L'effet d'une force consiste à déplacer la matière, en la forçant de correspondre successivement, à différens points de l'espace.

On admet en mécanique, qui est une science qui traite des forces et de leurs effets, que s'il faut une certaine force, pour faire parcourir dans l'unité tems, une certaine longueur à un certain objet matériel, il faut une force double pour faire parcourir cette même longueur, dans le même temps, à un objet matériel double.

On admet aussi que, si une certaine force peut faire parcourir dans l'unité tems, une certaine longueur à un certain objet matériel, il faut une force double pour faire parcourir à ce même objet, une longueur double dans le même tems.

15. On appelle matière, un espace impénétrable :

c'est une grande erreur que de prétendre douer la matière d'aucune faculté, propriété, action ou pouvoir, autres que ceux qui résultent de cette définition, la seule qui convienne à la matière.

Les propriétés qui appartiennent à la matière, par cela seul que c'est un espace impénétrable, sont l'inertie, la mobilité, l'inextensibilité, l'infrangibilité, l'incompressibilité, etc.

La matière est inerte, c'est à dire que tant que rien d'extérieur à elle n'intervient, elle occupe la même position dans l'espace, elle demeure dans un repos complet, n'exerce hors d'elle-même aucune influence.

La matière est mobile, c'est à dire que si une force agit sur elle, elle obéit à son action et se transporte en cédant à son impulsion, en occupant successivement les diverses positions qui lui sont offertes, par l'espace pénétrable qui l'environne.

16. Il semble que ce que nous venons de dire, au sujet de la matière, soit complètement et journellement démenti par l'expérience; ainsi nous voyons des corps qui paraissent se pénétrer, se mouvoir d'eux mêmes, céder d'abord à une impulsion, puis en prendre une autre qui ne leur a point été donnée, résister, s'étendre, se briser, se comprimer, se dilater, etc.

C'est que d'une part les corps sont un assemblage de parties matérielles, et que nos sens sont trop imparfaits, pour nous permettre d'apercevoir que ces parties sont isolées les unes des autres, dans tous les sens, et séparées par des intervalles immenses, par rapport à leurs dimensions, et que d'autre part, notre volonté n'est pas la seule cause qui puisse mettre les forces en jeu.

Ainsi quand un corps en pénètre un autre, il ne fait que déplacer les parties matérielles de cet autre, pour se loger dans l'intérieur. Quand un corps parait se mouvoir de lui-même, c'est qu'il est sollicité par une force qu'une volonté inconnue a mise en jeu : quand il se comprime ou qu'il se dilate, c'est que les parties matérielles se rapprochent, ou s'éloignent les unes des autres, ce qui fait varier le volume apparent.

17. On appelle masse absolue d'un corps, le volume réel de toutes les parties matérielles de ce corps, ou si on veut, de l'espace réellement occupé par ce corps.

On appelle densité absolue d'un corps, le volume de l'espace réellement occupé par une unité volume de ce corps.

Ainsi la masse absolue d'un corps est égale au produit qu'on obtient, en multipliant le nombre d'unités volume qu'occupe le corps en apparence, par le nombre qui représente sa densité, c'est-à-dire, par la fraction qui indique qu'elle est la portion d'espace occupée en réalité, par une unité de volume apparent.

La densité absolue d'un corps est une chose que les hommes ne connaîtront *probablement* jamais, mais comme on admet que la pesanteur est une force qui agit, avec la même énergie, sur toute la matière, on peut estimer les densités relatives, en choisissant pour unité densité celle d'un corps quelconque.

On a choisi la densité de l'eau pour unité densité.

On appelle poids d'un corps, l'effort nécessaire pour l'empêcher de tomber, lorsqu'il est librement abandonné à l'action de la pesanteur.

18. L'unité poids est le *Gramme* : c'est ce que pèse un millième de litre d'eau distillée, pesée dans le vide et à son plus grand degré de condensation.

Le gramme se subdivise en *Décigrammes*, *Centigrammes*, etc. Les unités d'ordre supérieur sont le *Décagramme*, l'*Hectogramme*, le *Kilogramme* et le *Myriagramme.*

19. D'après cela, quand on parle de la masse et de la densité d'un corps, il ne faut pas entendre la masse ou la densité absolues.

On voit que la densité est un nombre qu'on peut obtenir, en divisant par mille le poids d'un litre du corps en expérience.

On voit aussi que la masse d'un corps est un produit, dont les facteurs sont les expressions numériques de son volume et de sa densité.

20. Quand un corps se meut, il parcourt un certain espace dans l'unité tems : c'est ce qu'on appelle la vîtesse.

L'unité vîtesse est celle en vertu de laquelle un corps parcourt l'unité longueur, pendant l'unité tems.

On voit donc aussi que la vîtesse qui anime un corps quelconque en mouvement, doit s'estimer, en divisant la longueur de l'espace parcouru, par le tems employé à le parcourir.

On définit une vîtesse ordinairement en disant, par exemple, une vîtesse de trois mètres cinquante-six, centimètres par seconde, ou bien une vîtesse de six kilomètres par heure, etc.

21. L'unité force, est une force qui peut imprimer à un corps, dont la masse est *un*, une vîtesse représentée par *un*.

Nous devons dire aussi qu'on appelle force d'un cheval, quand on parle de machines, une force capable d'élever, d'un mètre par seconde, un poids de 75 kilogrammes.

MESURE DES PEINES ET SALAIRES.

22. Une autre espèce d'unité, qui résulte de la constitution même de la société, c'est l'unité monétaire.

Il est de toute évidence qu'une des premières causes qui ont contribué à réunir les hommes, c'est la nécessité de satisfaire aux besoins nombreux qu'ils éprouvent.

Ces besoins sont si variés, les moyens pour y satisfaire un peu convenablement, demandent des soins si divers, qu'assurément une personne isolée ne saurait subvenir à tous.

En se réunissant en société, les hommes sont convenus de s'appliquer, exclusivement, à perfectionner les moyens de rendre la vie agréable, chacun s'attachant spécialement à pourvoir à un besoin unique.

De là les divers états qui constituent le corps social; un très-petit nombre d'hommes, peuvent dans une seule spécialité, fournir à tous, mieux et plus rapidement préparé, l'objet nécessaire à chacun.

Mais alors on conçoit que, pour que chaque personne puisse en échange d'un travail, qui reproduit le même objet, en trop grand nombre pour elle seule, obtenir ceux qui lui sont indispensables, et qui sont faits par les personnes d'un autre état, il faut une représentation fictive de la valeur de ce travail.

La monnaie n'est autre chose que cette représentation : c'est un mandat délivré par la société au profit de celui qui a travaillé pour elle, et ce mandat trouve dans chaque état des personnes empressées à l'acquitter, par un travail équivalent d'une autre nature.

Nous nous sommes permis cette courte digression, parcequ'il nous paraît qu'en se plaçant à ce point de vue, on reconnaîtra une grande vérité.

C'est que la possession de la fortune n'est véritablement acquise, que lorsque le mandat social a été payé, par le travail de celui qui en est détenteur.

Que si cette possession peut s'acquérir par des voies non réprouvées, légalement, sans injustice, quoique sans travail, il n'en est pas moins établi que nul ne peut, sans cesser d'être un homme honorable, se dispenser volontairement de participer aux peines attachées à la condition d'homme, s'il prétend participer aux jouissances de celle d'homme social ; car c'est cette condition expresse qui a jeté, dans l'origine, les fondemens de la société, et elle subsistera tacitement aussi long-temps que les hommes vivront réunis.

Il est à remarquer, d'ailleurs, que ce serait une entreprise folle que de chercher le bonheur dans l'oisiveté, on ne le trouve evidemment que dans la pratique de ce qui est bien, et ceux dont les murmures signalent la prospérité des méchans, comme une inexplicable anomalie, obtiendraient des succès encore plus éclatans, si exempts des vices qui deshonorent, ils étaient actifs, prudens et courageux, comme la plupart de ceux qui réussissent *malgré* leur perversité.

L'unité monétaire est le *Franc*, c'est un morceau d'alliage pesant cinq grammes, et contenant neuf parties d'argent pur, plus une dixième partie de cuivre ; cette dernière étant égale aux premières.

On divise le franc en dix parties égales qu'on appelle *Décime*, le décime se subdivise lui-même en dix *Centimes*.

Telles sont les unités principales qui servent à mesurer, directement ou indirectement, les divers objets qu'on a besoin d'évaluer : nous ne parlerons pas de la mesure directe, elle consiste à comparer entr'eux deux objets de même nature, dont l'un a été choisi pour unité.

Mais avant d'aborder les questions que nous avons nommée simplicites, nous croyons devoir entrer dans quelques explications, qu'il importe beaucoup de suivre avec attention, car elles forment la clef de tout ce que nous exposerons plus tard.

§. II.

DES FORMULES.

23. On appelle formule, une indication au moyen de laquelle on sait quelles sont les opérations à faire sur les nombres, qui forment les données d'une question, pour que le résultat final soit précisément le nombre qu'on cherche.

D'après cela supposons, par exemple, qu'un entrepreneur ait fait, cette année un travail consistant en :

125 mètres cubes de terrassemens, à o fr. 20 c. le mètre cube ;

13 mètres cubes de maçonnerie, à 12 fr. 5o c. le mètre cube ;

6 mètres carrés de taillage de parement vû, à 3 fr. le mètre carré.

Admettous que cet entrepreneur ait fait un rabais de 7 pour o/o sur les prix du bordereau que nous venons d'énoncer, qu'on lui doive de l'année précé-

dente une somme de 82 fr. 00 c., qui lui avait été
retenue pour garantie de ses ouvrages antérieurs
et qu'enfin on doive aussi lui retenir 10 pour o/o
sur le montant de son travail, pour garantie de la
bonne exécution de ce qui restera à faire l'année
suivante.

Quel sera le montant de son décompte?

24. Cette question quoique fort simple, n'en est
pas moins une question implicite d'après les définitions qui précèdent : mais avant de la résoudre, remarquons d'abord que les nombres connus, qui forment ce que nous appelons les données de la question, sont au nombre de neuf.

SAVOIR :

1er. nombre 125,00 volume des terrassements exé-
              cutés.
2me. nombre 13,00 volume de la maçonerie.
3me. nombre 6,00 surface de parement vû.
4me. nombre 0,20 prix de l'unité de terrasse-
              ment.
5me. nombre 12,50 prix de l'unité de maçon-
              nerie.
6me. nombre 3,00 prix de l'unité du taillage.
7me. nombre 7,00 rabais fait sur 100 francs
              d'ouvrage.
8me. nombre 82,00 retenue de garantie à payer.
9me. nombre 10,00 retenue à exercer sur 100 fr.
              d'ouvrage à payer.

2*.

25. Tout le monde ferait, évidemment, le décompte de l'entrepreneur ainsi qu'il suit :

125, oo mètres cubes de terrassement
         à o fr. 20 c.   25,0000

13, oo mètres cubes de maçonnerie
         à 12 fr. 5o c.   162,5000

6, oo mètres carrés de parement vû,
         à 3 fr. oo c.   18,0000

                    TOTAL   205,5000
     Rabais de 7 p. o/o, à déduire ,   14,385o

    RESTE POUR LA DÉPENSE FAITE   191,115o

$\frac{1}{10}$ de retenue de garantie, à retrancher, 19,1115

                    RESTE   172,0035
Retenue des années précédentes, à payer, 82,0000

     MONTANT DU DÉCOMPTE 254,0035

Voyons cependant ce que nous avons fait.

26. Nous avons d'abord multiplié le 1er nombre
par le 4me, puis le second par le 5me, puis le 3me par
le 6me ; nous avons ajouté les trois produits, nous
avons multiplié le total par le 7me nombre, nous
avons divisé le résultat par cent, et nous avons
retranché le quotient, du total précédemment
obtenu.

Alors, nous avons encore retranché de la différence,

le quotient que donne cette différence elle-même, en la divisant par le 9me nombre, nous avons ajouté enfin le 8me nombre au résultat, et nous avons obtenu le montant du décompte.

Cette analyse de ce que nous avons fait est longue, diffuse, et il faut de l'attention pour s'assurer que c'est bien ainsi, que nous avons opéré.

27. Qu'arriverait-il cependant si une personne peu intelligente devait régler ce décompte, et qu'il fallut lui expliquer pas à pas ce qu'elle aurait à faire.

Il faudrait lui faire ranger les nombres qui forment les données de la question dans l'ordre choisi par exemple, et reprenant notre analyse dans les mêmes termes, nous lui dirions :

Multipliez le 1er nombre par le 4me : multipliez ensuite le 2me par le 5me, puis le troisième par le 6me, ajoutez vos trois produits : mettez le total à part : multipliez ce total par le 7me nombre, divisez le résultat par 100, retranchez le quotient du total que vous venez de mettre à part, mettez la différence à part.

Cherchez maintenant le quotient que donne cette différence mise à part, en la divisant par le 9me nombre, retranchez ce quotient de votre différence mise à part, ajoutez au résultat le 8e nombre et vous aurez le montant du décompte que vous cherchez.

28. Et maintenant, remarquons bien que si la même personne revenait plus tard nous questionner pour faire un semblable travail, à l'égard d'un autre entre-

preneur, lequel aurait fait certains terrassemens, de la maçonnerie et du taillage, moyennant les prix d'un autre bordereau, si d'ailleurs cet entrepreneur avait fait un rabais quelconque, qu'il fut soumis à un retenue de garantie particulière, et qu'il fallut lui rembourser le montant d'une retenue exercée sur lui l'année d'auparavant, nous n'aurions plus qu'à faire ranger les nouveaux nombres, formant les données de la nouvelle question, dans le même ordre que tout à l'heure, et pour guider l'apprentif comptable dans ses calculs, il nous suffirait de répéter, mot pour mot, ce que nous lui aurions dit la première fois.

29. Cette remarque qui doit commencer, il nous le semble, à exciter l'intérêt et la curiosité, tient à ce que toutes les fois qu'une question implicite est résolue, et que dès lors on a déterminé le nombre cherché, au moyen des élémens connus de la question, si on vient à changer les valeurs numériques de ces élémens, on fera bien varier aussi le résultat final qu'on en déduit, mais il faudra toujours opérer sur les nouveaux élémens, comme sur les anciens, parce que le nombre cherché dépendra toujours de certains rapports existant entre ces élémens, rapports dont la valeur numérique s'obtiendra toujours aussi, par les mêmes opérations arithmétiques.

30. L'algèbre est une partie des mathématiques qui a pour but 1° de chercher à résoudre les questions implicites, indépendamment des valeurs numériques des élémens qui en constituent l'énoncé; 2° de formuler la marche à suivre, et d'indiquer les calculs

arithmétiques à faire, pour obtenir la solution cherchée, d'une manière moins diffuse et plus claire, que
celle que nous venons de produire tout à l'heure, à
grand renfort de mots et de détails.

31. Nous n'entendons point ici faire un cours
d'algèbre, mais nous pensons qu'il est bien fâcheux
que l'aridité de cette étude et la difficulté qu'éprouvent
certaines personnes, à suivre les méthodes qui apprennent à manier ce précieux instrument, les éloignent
même des résultats obtenus avec son secours.

Sans doute, il faut connaître cette science pour se
livrer aux recherches que nécessitent les questions,
plus ou moins compliquées, qu'on prétend résoudre,
mais c'est une erreur que de penser qu'il soit besoin
de savoir l'algèbre, pour profiter des formules qu'elle
a fait découvrir, et c'est pour empêcher les effets de
cette erreur que nous publions ces notes.

Il y a autant de différence entre savoir résoudre
algébriquement une question, et savoir se servir d'une
formule toute trouvée, qu'entre la connaissance de
l'abécédaire et la littérature : il suffit pour bien saisir ce que nous allons exposer, de connaître les quatre
règles de l'arithmétique, et d'être un tant soit peu
attentif.

32. Reprenons le décompte d'entrepreneur, que
nous avions choisi pour exemple : si on avait appelé
a, b, c, d, e, f, g, h et k, les neuf nombres qui servent d'élémens de la question, on aurait pu remplacer
toute cette longue série d'explications par la formule

$$\frac{(ad+be+cf)(k-1)(100-g)}{100\,k}+h.$$

On conviendra qu'elle est beaucoup plus brève, reste à savoir si elle est plus claire ; c'est ce que nous allons démontrer.

33. On représente les nombres qui forment les élémens d'une question, par des lettres prises dans l'alphabet, on choisit ordinairement, celles qui sont les initiales des unités du nombre qu'elles désignent.

Ainsi, par exemple, T représenterait le tems si la question comportait un certain nombre d'heures ou de minutes.

P serait le poids, c'est-à-dire un nombre de grammes ou de kilogrammes.

S indiquerait une surface, L une longueur, etc. Ceci du reste n'est qu'une attention facultative, pour mieux se rappeler en voyant la lettre, ce qu'on a voulu représenter.

34. Quand on veut indiquer que deux nombres désignés par des lettres doivent être ajoutés, il faut écrire les deux lettres l'une à la suite de l'autre, en les séparant par une petite croix ; ainsi A + B, qui s'énonce en disant, A plus B, signifie que le nombre représenté par B doit être ajouté au nombre désigné par A.

35. Quand on veut indiquer qu'un nombre désigné par une lettre doit être retranché d'un autre nombre représenté par une autre lettre, on écrit celle-là à la suite de celle-ci, en les séparant par un trait horizontal.

Ainsi A — B qui s'énonce en disant, A moins B, signifie que le nombre représenté par B doit être retranché du nombre désigné par A.

36. Quand on veut indiquer un produit dont les facteurs sont représentés par des lettres, on peut à volonté écrire ces lettres les unes à la suite des autres, en les séparant entr'elles par le signe $\times$ ou seulement par des points, ou sans interposition de signe :

Ainsi $a \times b \times c \times d$, ou bien $a \cdot b \cdot c \cdot d$, ou encore $abcd$, sont trois manières d'exprimer qu'il faut multiplier le nombre désigné par a par le nombre représenté par b, puis multiplier le produit par le nombre c, puis encore le nouveau produit par le nombre d.

On énoncerait les deux premières notations, en disant a multiplié par b, multiplié par c, multiplié par d; on énoncerait la dernière en disant $a\,b\,c\,d$.

37. Quand on veut indiquer un quotient, on écrit le dividende au-dessus du diviseur en les séparant par un trait horizontal, ainsi $\frac{a}{b}$ qui s'énonce en disant a divisé par b, signifie qu'il faut diviser le nombre a par le nombre b, pour avoir la valeur de l'expression $\frac{a}{b}$.

38. Si on se trouvait conduit à écrire une expression de la forme $a + a + a + a + a + a + a$: on éviterait les écritures en mettant tout simplement $7\,a$, que l'on énoncerait en disant, sept a : le chiffre

7 qui indique combien de fois il faut prendre a, se place comme on voit à gauche de la lettre répétée, et il s'appelle son coéfficient.

39. Si on se trouvait conduit à écrire une expression de la forme $a \times a \times a \times a \times a \times a \times a \times a$, ou $a\,a\,a\,a\,a\,a\,a\,a$, on mettrait tout simplement a^8, que l'on énonce en disant a, puissance huit, ou seulement a huit. Le chiffre 8, qui indique combien de fois le nombre a est facteur, se place comme on voit à droite et un peu au-dessus de la lettre ; il s'appelle son exposant.

40. On appelle terme algébrique, toute expression précédée du signe plus, ou du signe moins : dans un terme algébrique, on distingue d'abord le signe : le terme est positif s'il est précédé du signe $+$, il est négatif s'il est précédé du signe $-$: le coéfficient vient immédiatement après le signe $+$ ou $-$; on n'en met point quand il est égal à l'unité, ainsi on n'écrit pas $+\,1\,a$, ni $-\,1\,b$, on écrit $+\,a$ ou bien $-\,b$.

Après le coéfficient, on écrit les lettres armées de leurs exposans respectifs, en ne mettant pas d'exposant partout où il doit être l'unité : s'il y a un diviseur, on l'écrit sous le terme, en les séparant par un trait horizontal.

D'après cela, si on rencontrait un terme de la forme

$$+ \; \frac{36\, a^4\, b^3\, c}{d^2 f}.$$

Et si on savait que a vaut 2, que b vaut 3, que c vaut 7, que d vaut 6, et que f vaut 10, on trouverait aisé-

ment que la valeur numérique du terme proposé
serait 3o2,4.

41. Quand une expression algébrique n'a qu'un
terme, elle s'appelle un monome, si elle a deux termes,
elle s'appelle un binome, ce serait un trinome, un
quadrinome, s'il y avait 3 ou 4 termes. Enfin on
appelle un polynome, une expression qui a un nombre quelconque de termes.

Quand un polynome commence par un terme
positif, on peut ne pas mettre le signe plus. Si c'est
un terme négatif, il ne faut pas oublier de mettre le
signe moins.

42. Pour avoir la valeur, en nombre, représentée
par un polynome quelconque, il faut d'abord réduire
en nombre, successivement, chaque terme en particulier, alors, on ajoute tous ceux qui correspondent
à des termes positifs, on ajoute ensuite tous ceux qui
correspondent à des termes négatifs, on retranche
enfin le plus petit total du plus grand, et l'on affecte
la différence du signe commun aux termes qui ont
fourni le plus grand total.

43. Quand on veut indiquer un produit dont les
facteurs sont représentés par des polynomes, il faut
enfermer ces polynomes entre parenthèses, et les
écrire les uns à la suite des autres.

Ainsi $(a-b)$ $(c-d)$ qui s'énonce en disant, a moins
b multipliant c moins d, signifie qu'il faut multiplier le nombre représenté par le binome $a-b$, par
le nombre désigné par le binome $c-d$.

3.

Pour indiquer un produit dont un des facteurs serait un polynome et l'autre un monome, on ne mettrait que le polynome entre parenthèse, et le monome se placerait à côté sans interposition d'aucun signe.

44. Lorsque réduisant en nombre, un produit dont on a les facteurs exprimés algébriquement, on est conduit à opérer sur des nombres affectés de divers signes, il peut arriver deux cas.

1° Ou bien le produit cherché n'a que deux facteurs, et alors si ces facteurs ont le même signe, le produit est positif; si les facteurs ont des signes différens le produit est négatif.

2° Ou bien le produit cherché doit être le résultat de la multiplication de plus de deux facteurs : et alors le produit final est positif, s'il n'y a point de facteur négatif, ou s'ils sont en nombre pair ; le produit est négatif, s'il y a des facteurs négatifs en nombre impair.

45. Lorsqu'en réduisant en nombre un quotient, dont on a le dividende et le diviseur exprimés algébriquement, on est conduit à opérer sur des nombres affectés de certains signes, le quotient est positif, si le dividende et le diviseur sont affectés du même signe; et le quotient est négatif, si le dividende et le diviseur sont affectés de signes différens.

46. L'introduction des parenthèses dans les calculs, conduit quelquefois à des expressions qui

paraissent, au premier abord, bizarres et presque
inintelligibles, telle serait celle-ci par exemple :

$$\left([(3a^2-b)\,c^3+4m]\,a^2b^3 - \frac{6a}{b} \right)(m+n)\,\frac{abcd}{kgmn}.$$

Cet appareil algébrique ne doit effrayer en rien :
car si a vaut 2, si b vaut 3, si c vaut 2, si d vaut 3,
si k vaut 7, si g vaut 6, si m vaut 8, et si n vaut 10.

On remarquera d'abord que $3a^2-b$ vaut 9, donc
$(3a^2-b)\,c^3$ vaut 72, donc $(3a^2-b)\,c^3+4m$
vaut 104, donc $[(3a^2-b)\,c^3+4m]\,a^2\,b^3$ vaut
11232 ; en en retranchant $\frac{6a}{b}$ qui vaut 4, il restera

$[(3a^2-b)\,c^3+4m]\,a^2\,b^3-\frac{6a}{b}$ qui vaut 11228 ;

et comme $(m+n)\,\frac{abcd}{kgmn}$ vaut $\frac{27}{140}$ on verra bien que

$$\left([(3a^2-b)\,c^3+4m]\,a^2b^3-\frac{6a}{b} \right)(m+n)\,\frac{abcd}{kgmn},$$

vaut $\frac{11228 \times 27}{140}$, c'est à dire $\frac{303156}{140}$,
ou 2165,4.

Nous avons choisi cette formule compliquée, au
hasard, nous avons attribué aux lettres qui s'y trouvent les premières valeurs venues, nous venons
d'opérer la réduction en nombre, sans donner beaucoup de détails ; cependant il nous semble que si on
veut répéter les calculs, et réfléchir un peu sur cette
marche, c'est la meilleure explication qu'on puisse

donner ; nous dirons pourtant encore , qu'un bon moyen pour éviter la confusion, c'est de considérer toute quantité renfermée entre parenthèses, comme si c'était une simple lettre : on peut toujours en chercher la valeur et la trouver sans embarras, puisqu'il n'y a plus de parenthèses pour embrouiller, alors, on substitue cette valeur numérique à la place de la parenthèse que l'on supprime, et l'expression se simplifie assez pour qu'on puisse s'y reconnaître avec la plus grande facilité.

47. Il est bon de savoir encore, que toute quantité enfermée entre parenthèse, devant être considérée comme si c'était une seule lettre, il arrive que souvent ces quantités portent des exposans : ici comme tout-à-l'heure, nous nous bornerons pour toute explication, à dire qu'on agit ainsi pour pouvoir écrire, par exemple, au lieu de

$$(a-b)\,(a-b)\,(a-b)\,(a-b)\,(a-b)\,(a-b)\,(a-b)$$

l'expression beaucoup plus courte et plus simple

$$(a-b)^7.$$

Nous dirons aussi que quand on trouve une quantité affectée d'un exposant zéro, elle vaut un.

Ainsi a^0 vaut 1 , b^0 vaut 1 , $\left(\dfrac{a^2 b - e}{4\,m}\right)^0$ vaut 1.

Ceci est indépendant de la quantité affectée de l'exposant zéro.

De même, toute quantité affectée d'un exposant négatif, vaut toujours l'unité divisée par cette même quantité, affectée du même exposant pris positivement.

Ainsi a^{-5} vaut $\dfrac{1}{a^{+5}}$, b^{-7} vaut $\dfrac{1}{b^{+7}}$,

$$\left(\frac{a^2b-e}{4m}\right)^{-9} \text{ vaut } \cdot \frac{1}{\left(\dfrac{a^2b-e}{4m}\right)^{+9}}$$

48. Reprenons, à présent que nous connaissons l'usage des formules, et la manière d'en calculer les valeurs numériques, cette formule que nous avons prétendu (art. 32) représenter le décompte d'entrepreneur, que nous avions choisi pour exemple.

Nous avons dit que ce décompte était donné par la formule

$$\frac{(ad+be+cf)(k-1)(100-g)}{100\,k} + h.$$

Ceci supposait que nos neuf nombres,. formant les données de la question, étaient représentés par a, b, c, d, e, f, g, h et k, et par conséquent c'est comme si nous disions que a vaut 125, b vaut 13, c vaut 6, d vaut 0,20, e vaut 12,50, f vaut 3, g vaut 7, h vaut 82, et k vaut 10.

Mais alors, on voit facilement que ad vaut 125 multiplié par 0, 20, c'est-à-dire, 25. De même, be vaut 162,50 et cf vaut 18.

Donc $ad + be + cf$ vaut 205,50

Mais il est visible que $k-1$ vaut 9.

Et que $100-g$ vaut 93.

Multipliant donc 205,50 par 9, et le produit qui est 1849,50 par 93, on obtient 172 003,50 : divisant ce nombre par $100\,k$, c'est-à-dire par 1000, on a 172,0035.

5*.

Ajoutant à ce nombre la valeur de h, c'est-à-dire, 82, on a enfin 254,0035, pour la valeur de la formule réduite en nombre, et ce résultat est, comme on le voit, identique avec celui que nous avions trouvé, par un procédé que le simple bon sens indiquerait à la vérité, parce que la question était facile ; mais on peut concevoir qu'on pourrait compliquer les détails, de manière à rendre ce résultat plus difficile à découvrir.

§. III.

DES ÉQUATIONS.

49. Lorsque deux quantités sont égales, on écrit les expressions de ces quantités, l'une à la suite de l'autre, en les séparant par le signe $=$ que l'on énonce en disant égale.

Ainsi $a + b = c - d$, qui s'énoncerait en disant, a plus b égale c moins d, signifie que les valeurs numériques des deux expressions a plus b et c moins d sont identiques.

On appelle équation, la double expression d'une même valeur, écrite comme il vient d'être dit.

La quantité écrite la première s'appelle le premier membre de l'équation ; la quantité écrite après le signe égale, s'appelle le second membre.

50. Quand deux quantités sont égales, si on leur ajoute la même quantité à chacune, ou si on en re-

tranche la même valeur, il est bien évident que les résultats seront encore égaux.

Ainsi il est visible que, sans troubler l'égalité des deux membres d'une équation, on peut ajouter une même quantité de part et d'autre, ou la retrancher de chacun-d'eux.

On voit encore que l'égalité serait maintenue, si on multipliait ou si on divisait les deux membres par un même nombre.

51. On appelle termes algébriques semblables, deux termes qui renferment les mêmes lettres affectées des mêmes exposans.

Les coëfficiens et les signes n'influent pas sur la similitude des termes.

On peut toujours remplacer dans une expression algébrique, les termes semblables qui s'y trouvent, par un seul terme qui leur équivaut : pour cela, il suffit d'ajouter tous les coëfficiens positifs, et tous les coëfficiens négatifs, de retrancher le plus petit total du plus grand, d'affecter la différence du signe qui correspond au plus grand total, et d'ecrire les lettres telles qu'elles se trouvent, dans les termes semblables, et en leur conservant leurs exposans.

Ainsi on aurait :

$$- 35a^3b^2c + 14a^3b^2c + 27a^3b^2c = + 6a^3b^2c$$

52. L'ordre dans lequel les termes qui composent une quantité algébrique sont écrits, n'influe en rien sur la valeur de cette quantité : on sent en effet que c'est comme si nous disions que

$$a + b = b + a.$$

On dit qu'on ordonne une quantité par rapport à une lettre, lorsqu'on dispose les termes de cette quantité, de manière que la lettre choisie porte des exposans, qui vont en décroissant, en passant d'un terme au suivant.

53. L'égalité des deux membres d'une équation n'étant pas troublée, quand on les augmente ou qu'on les diminue tous deux d'une même quantité, on peut toujours faire passer un terme quelconque d'un membre dans l'autre, pourvu qu'on change son signe.

D'après cela, comme le principal usage des équations consiste à déterminer les valeurs inconnues de certaines lettres qu'on y a introduites, on voit que l'artifice doit consister à faire passer la lettre inconnue dans le premier membre, de faire en sorte qu'elle y demeure seule, et qu'il n'y ait que des termes connus dans le second membre; mais il faut que toutes ces transpositions se fassent conformément aux conditions qui s'opposent à ce que l'égalité des deux membres soit troublée.

54. On classe les équations d'après le plus haut exposant que porte l'inconnue qui s'y trouve : ainsi les équations sont du premier, du deuxième, du troisième degré, etc., quand le plus haut exposant que porte l'inconnue est 1, 2, 3, etc.

Une équation est résolue, quand l'inconnue se trouve seule dans le premier membre, et qu'il n'y a plus que des termes connus dans le second.

Rien n'est plus facile que de résoudre une équation du premier degré.

Pour cela on fait passer, dans le premier membre, tous les termes qui contiennent l'inconnue, on fait passer, dans le second membre, tous les termes qui ne la contiennent pas.

Alors on considère, dans le premier membre, chaque terme comme le produit de l'inconnue par une quantité qu'on peut traiter comme un coéfficient.

On n'écrira donc la lettre inconnue qu'une fois, puis on mettra à côté, entre parenthèses, la somme des coéfficiens, en ayant égard à leurs signes; l'équation ainsi préparée exprimera alors que l'inconnue, multipliée par une certaine quantité connue, vaut une autre quantité toute connue : donc l'inconnue est le quotient du second membre divisé par le coéfficient de l'inconnue dans le premier membre.

Ainsi, par exemple, si on avait une équation du premier degré, aussi compliquée que possible, telle que celle-ci :

$$-\frac{35a^2bx}{c} + \frac{1}{17} + \frac{6a^2b-3x}{27b^2}$$
$$= \frac{12a^2x-4}{16} + 7a^2bx.$$

On commencerait par séparer les termes ainsi qu'il suit :

$$-\frac{35a^2bx}{c} + \frac{1}{17} + \frac{6a^2b}{27b^2} - \frac{3x}{27b^2}$$
$$= \frac{12a^2x}{16} - \frac{4}{16} + 7a^2bx;$$

puis on écrirait :

$$\frac{35\,a^2bx}{c} - \frac{3\,x}{27\,b^2} - \frac{12\,a^2x}{16} - 7\,a^2bx$$
$$= -\frac{4}{16} - \frac{1}{17} - \frac{6\,a^2b}{27\,b^2}.$$

ou bien :

$$x\left(-\frac{35\,a^2b}{c} - \frac{3}{27\,b^2} - \frac{12\,a^2}{16} - 7\,a^2b\right)$$
$$= \frac{4}{16} - \frac{1}{17} - \frac{6\,a^2b}{27\,b^2};$$

ce qui donne

$$x = \frac{-\dfrac{4}{16}\ \dfrac{1}{17}\ \dfrac{6\,a^2b}{27\,b^2}}{-\dfrac{35\,a^2b}{c}\ \dfrac{3}{27\,b^2}\ \dfrac{12\,a^2}{16} - 7\,a^2\,b}.$$

Rien n'empêcherait plus de mettre à la place des lettres a et b qui sont censées connues, leurs valeurs numériques, et avec un peu de soin et d'attention, on aurait bientôt réduit la fraction, dont l'expression paraît d'abord un peu bizarre, à une autre toute simple, et qui serait la valeur de x.

§. IV.

DES RAPPORTS ET PROPORTIONS.

55. On appelle rapport de deux quantités, leur différence ou leur quotient.

La différence de deux quantités se nomme rapport arithmétique, leur quotient s'appelle rapport géométrique, mais lorsqu'on parle sans rien spécifier du rapport de deux quantités, il faut entendre que c'est leur rapport géométrique.

56. Le rapport arithmétique de deux quantités a et b, pourrait se désigner en écrivant $a-b$, la notation $a \cdot b$ est celle usitée, et on l'énonce en disant, a est à b.

57. Le rapport géométrique de deux quantités a et b pourrait se désigner en écrivant $\dfrac{a}{b}$ la notation $a : b$ est celle usitée, et on l'énonce en disant, a est à b.

58. Les deux quantités, qui forment un rapport quelconque, s'appellent les termes de ce rapport : le premier terme s'appelle l'antécédent, le second se nomme conséquent.

59. Un rapport arithmétique s'évalue, en retranchant le plus petit terme du plus grand.

Un rapport géométrique s'évalue, en divisant toujours l'antécédent par le conséquent.

On peut sans altérer la valeur d'un rapport arithmétique, augmenter ou diminuer ses deux termes, de la même quantité.

On peut sans altérer la valeur d'un rapport géométrique, multiplier ou diviser ses deux termes par le même nombre.

60. Lorsque quatre quantités sont telles, que la différence de la première à la seconde est égale à la

différence de la troisième à la quatrième, ces quatre quantités forment une proportion arithmétique.

On indiquerait que les quatre quantités a, b, c et d seraient dans ce cas en écrivant

$$a \cdot b : c \cdot d.$$

Cette proportion s'énonce en disant, a est à b comme c est à d ; ce qui signifie que a surpasse b, ou en est surpassé, comme c surpasse d, ou en est surpassé.

61. Lorsque quatre quantités sont telles que le quotient de la première divisée par la seconde est égal au quotient de la troisième divisée par la quatrième, ces quatre quantités forment une proportion géométrique.

On indiquerait que les quatre quantités a, b, c et d, seraient dans ce cas en écrivant

$$a : b :: c : d.$$

Cette proportion s'énonce en disant, a est à b, comme c est à d ; ce qui signifie que a contient b autant de fois que c contient d.

62. Dans une proportion quelconque, on voit qu'il y a quatre termes dont les deux premiers et les deux derniers forment des rapports égaux entre eux : le premier terme et le dernier s'appellent les extrêmes, les deux autres s'appellent les moyens.

Nous devons dire aussi, que quand on parle d'une proportion sans la qualifier, on doit entendre par-là, qu'il s'agit d'une proportion géométrique.

63. Dans une proportion arithmétique, la somme des extrêmes est égale à la somme des moyens.

Ainsi quand on a $\quad a \cdot b : c \cdot d.$

On doit avoir $\quad a + d = b + c.$

64. Dans une proportion géométrique, le produit des extrêmes est égal au produit des moyens :

Ainsi quand on a $\quad a : b :: c : d.$

On doit avoir $\quad a\,d = b\,c.$

65. On appelle proportion arithmétique ou proportion géométrique continue, une proportion arithmétique ou géométrique dans laquelle les moyens sont égaux entr'eux.

Exemple : $\quad a \cdot b : b \cdot c.$

Ou bien, $\quad a : b :: b : c.$

66. On rencontre quelquefois des expressions de la forme,
$$a : b :: c : d :: e : f :: g : h :: k : m :: n : p.$$

C'est ce qu'on appelle des suites de rapports égaux; ces suites sont une manière abrégée d'écrire plusieurs proportions qui auraient un rapport commun : ainsi, au lieu de celle que nous venons de présenter, nous aurions pu écrire par exemple
$$a : b :: c : d.$$
$$c : d :: e : f.$$
$$e : f :: g : h.$$
$$g : h :: k : m.$$
$$k : m :: n : p.$$

Ou bien encore :
$$a : b :: c : d.$$
$$a : b :: e : f.$$

4.

$$a : b :: g : h.$$
$$a : b :: k : m.$$
$$a : b :: n : p.$$

67. On peut aussi rencontrer d'autres expressions telles que,

$$a : b : c : d : e :: f : g : h : k : m.$$

Elles signifient que les quantités qui suivent le signe :: sont proportionnelles aux quantités qui le précèdent.

C'est comme si on écrivait,

$$a : b :: f : g.$$
$$b : c :: g : h.$$
$$c : d :: h : k.$$
$$d : e :: k : m.$$

§ V.

DES PROGRESSIONS.

68. On appelle en général progression, une suite de nombres, dont chacun comparé à celui qui le précède, fournit toujours le même rapport.

Si ce rapport est arithmétique, la progression se nomme progression arithmétique.

Si ce rapport est géométrique, la progression se nomme progression géométrique.

Les progressions, en général peuvent être croissantes ou décroissantes, selon que les divers termes de la suite vont en augmentant ou en diminuant.

69. Dans une progression arithmétique, on peut considérer le premier terme, la différence de la progression, qui est le rapport arithmétique constant qui résulte de la comparaison de deux termes consécutifs, et enfin, si la progression se termine, on peut encore considérer le nombre des termes et le dernier.

Tels sont les élémens dont la connaissance définit complètement une progression arithmétique.

On écrit ordinairement une progression arithmétique ainsi qu'il suit :

$$a \cdot b \cdot c \cdot d \cdot \text{ etc.} \ldots \quad \cdot q \cdot v.$$

On l'énonce en disant a est à b, est à c, est à d, etc., est à q est à v.

a étant le premier terme et v le dernier, si δ était la différence, on aurait,

$$b = a + \delta, c = b + \delta, d = c + \delta, \text{ etc. } v = q + \delta.$$

70. Dans une progression géométrique, on peut considérer le premier terme, la raison de la progression qui est le rapport géométrique constant qui résulte de la comparaison de deux termes consécutifs, et enfin si la progression se termine, on peut encore considérer le nombre des termes et le dernier.

Tels sont les élémens dont la connaissance définit complètement une progression géométrique.

On écrit ordinairement une progression géométrique ainsi qu'il suit :

$$a : b : c : d : \text{ etc.} \ldots \quad : q : v.$$

On l'énonce en disant, a est à b , est à c, est à d , etc., est à q, est à v.

a étant le premier terme et v le dernier , si r était la raison, on aurait

$$b = ar , c = br , d = cr , \text{etc.} \ldots v = qr.$$

71. On appelle terme général dans une progression, et dans une suite quelconque où les termes sont assujétis à procéder suivant une loi déterminée, un terme dont le numéro d'ordre est donné ; ce sera le vingtième, le dixième terme ou généralement le terme dont le numéro serait n, n étant un nombre arbitraire, dont on se réserve de fixer la valeur, suivant les circonstances.

Le terme général d'une suite quelconque, jouit de cette propriété importante, qu'il affecte immédiatement la valeur d'un terme particulier quelconque, aussitôt qu'on remplace dans son expression générale la lettre n , par le chiffre qui exprime le numéro d'ordre du terme particulier que l'on considère.

§ VI.

DES QUANTITÉS IRRATIONNELLES.

72. On appelle racine d'un nombre, un autre nombre qui, multiplié par lui-même un certain nombre de fois indiqué par le degré de la racine, reproduit le nombre proposé.

Pour exprimer que l'on doit extraire d'un nombre

une racine d'un certain degré, il faut écrire ce nombre sous le signe $\sqrt{}$ que l'on appelle radical et l'on met entre les branches de ce signe, le degré de la racine à extraire : ce degré indique combien de fois la racine cherchée doit être facteur dans le produit représenté par le nombre proposé et que l'on a placé sous le signe radical.

73. Ainsi $\sqrt[3]{27}$ que l'on énonce en disant, racine cubique de vingt-sept, exprime un nombre qui, multiplié deux fois de suite par lui même, ou rendu trois fois facteur, reproduirait 27.

$\sqrt[4]{1296}$ que l'on énonce en disant racine quatrième de douze cent quatre-vingt-seize, exprime un nombre qui, rendu quatre fois facteur, donnerait pour produit final, 1296.

On aurait évidemment pour ces deux exemples choisis :

$$\sqrt[3]{27}=3 \quad \text{et} \quad \sqrt[4]{1296}=6.$$

74. Il peut arriver qu'on rencontre sous un radical, une expression algébrique : alors on commence par *la réduire en nombre*, et l'on obtient un radical semblable à ceux que nous venons d'écrire.

Cependant, si en opérant la réduction en nombre, on trouvait que la valeur numérique de l'expression sous le radical fût négative, et si en même temps le degré du radical était un nombre pair, cela signifierait que la question qui conduit à un pareil résultat est absurde.

4*.

Une question est absurde, quand son énoncé comporte des conditions incompatibles, ainsi, par exemple, vouloir que la corde d'un arc de circonférence soit plus grande que le diamètre de cette circonférence, c'est vouloir une absurdité ; chercher la distance à laquelle une pareille corde doit être située par rapport au centre, c'est chercher une distance qui ne peut pas exister, et comme l'algèbre est un instrument, un moyen d'exprimer analytiquement les conditions d'une question, et qu'elle ne peut manquer de donner l'expression de ce qu'on cherche, au moyen des élémens de la question, que l'on introduit dans le calcul, il n'est pas étonnant que cette expression soit entachée d'absurdité, quand la question elle-même est absurde par son énoncé.

75. On peut s'assurer que toute racine, de degré pair, d'un nombre négatif est une quantité qui n'existe pas : car en fait de quantité, il n'existe que celles qui sont positives, négatives ou zéro.

Zéro ne peut pas convenir, puisque, multiplié par lui-même tant qu'on voudra, il donnera toujours zéro.

Une quantité positive ne convient pas, puisque multipliée par elle-même tant qu'on voudra, elle donnera toujours une quantité positive.

Une quantité négative ne peut pas convenir non plus, car (art. 44) si on la multiplie par elle-même de manière à la rendre un nombre pair de fois facteur, on aura toujours un résultat positif.

76 Lorsqu'on réduit en nombre une expression al-

gébrique, qui doit donner une mesure cherchée, et qu'on trouve une expression irrationnelle de degré pair, et que la quantité sous le signe radical est négative, nous avons dit que la mesure cherchée n'existe pas et qu'il est absurde de la chercher.

Il peut arriver aussi que la réduction conduise à des résultats de la forme $\dfrac{0}{0}$ ou $\dfrac{a}{0}$.

Quand on trouve pour la mesure cherchée, une valeur $\dfrac{0}{0}$, ce résultat signifie que toutes les mesures sont bonnes, ceci ne peut arriver, que lorsque les conditions de la question sont remplies d'elles-mêmes : ainsi, par exemple, deux courriers partent ensemble du même point, ils vont aussi vite l'un que l'autre, on demande à quelle distance du point de départ ces deux courriers seront réunis, si on appelle x la distance cherchée, on trouvera à coup sûr,

$$x = \frac{0}{0},$$

ce qui veut dire, qu'en quelque point qu'on les considère, on les trouvera toujours marchant de conserve.

Quand on trouve pour la mesure cherchée, une valeur $\dfrac{a}{0}$ ce résultat signifie qu'il faudrait une mesure infinie pour satisfaire à la question; on dit alors que la solution du problème est impossible.

Ainsi, par exemple, un courrier a 100 lieues à faire, il en fait 50 le premier jour, 25 le second jour, 12 et 1/2 le troisième jour , etc. ; enfin chaque jour il parcourt une distance moitié de celle qu'il a franchie la veille, si on appelait x le nombre de jours qu'il lui faudrait pour faire les 100 lieues, on trouverait

$$x = \frac{a}{0}.$$

77. Il y a une très grande différence entre l'absur-dité et l'impossibilité : on le sentira en faisant atten-tion que dans une question absurde , tous les efforts imaginables, lors même que l'on aurait à sa disposi-tion des moyens aussi étendus , qu'on pourrait le désirer, ne pourraient approcher du résultat chimé-rique que l'on cherche.

Au contraire dans le cas d'impossibilité, on peut facilement s'assurer que le but, auquel on tend , est bien en vérité hors de la portée des hommes, mais que ce but n'est point imaginaire.

On verra en y réfléchissant qu'en même temps que par la pensée , on étend la mesure qu'on ne peut grandir qu'en idée, elle approche d'être ce qu'il faudrait qu'elle fût , bien qu'elle soit toujours trop petite.

La solution de ces sortes de *problêmes appartient* à celui qui dispose de l'infini, et le sentiment du temps ou de l'étendue nous indique assez que toute mys-térieuse qu'elle soit pour nous, cette incompréhen-sible grandeur est quelque chose de réellement existant.

§ VII.

DES LOGARITHMES.

78. On appelle logarithme d'un nombre, le degré de la puissance à laquelle il faut élever un autre nombre choisi arbitrairement, et que l'on appelle base du système des logarithmes, pour obtenir le nombre proposé.

Ainsi, par exemple, si la base du système était 8, le logarithme de 64 serait 2 parce que

$$8^2 = 64.$$

On voit d'après cela qu'un même nombre peut avoir autant de logarithmes qu'on peut imaginer de bases différentes.

La base qui a été adoptée est le nombre 10, ainsi le logarithme d'un nombre est dans le système adopté l'exposant qu'il faut donner à 10, pour produire le nombre proposé.

79. On désigne le logarithme d'une quantité, en la faisant précéder du signe *log.* qui n'est qu'une abréviation.

Ainsi *log.* 4, ou bien *log.* $(a + b)$, s'énoncerait en disant : logarithme de 4, ou bien logarithme de la quantité *a* plus *b*.

80. Il existe des tables de logarithmes qui sont des espèces de tableaux à deux colonnes : dans la première colonne intitulée colonne des nombres, on trouve les nombres naturels 1, 2, 3, 4, 5, 6, etc., et vis-à-vis dans la seconde colonne, intitulée colonne

des logarithmes, on trouve les logarithmes correspondans tout calculés.

Les tables de logarithmes pour ménager l'espace,
ont été arrangées les unes d'une manière, et les autres
d'une autre ; mais elles donnent en tête une explication pour faciliter les recherches, et c'est aussi aisé de
trouver un logarithme d'un nombre, ou bien le nombre correspondant à un logarithme, que de trouver
un mot dans un dictionnaire.

Par conséquent, si une formule se présente avec
un logarithme, on ne devrait pas être embarrassé
pour en avoir la valeur, on la substituerait dans le
terme qui le contiendrait, et tout serait fini
par là.

Il faut s'habituer à manier lestement les tables
de logarithmes : c'est un moyen d'abréger singulièrement les calculs.

§ VIII.

DES FRACTIONS CONTINUES.

81. On appelle fraction continue, une fraction
dont le dénominateur est un nombre entier plus une
fraction qui elle-même, a pour dénominateur un
nombre entier plus une fraction, et ainsi de suite.

Ainsi :

$$a + \cfrac{b}{c + \cfrac{d}{e + \cfrac{f}{g + \text{etc}\ldots}}}$$

est une fraction continue , mais nous ne considérons que celles qui ont la forme,

$$\alpha + \cfrac{1}{\beta + \cfrac{1}{\gamma + \cfrac{1}{\text{etc...}}}}$$

Parce qu'elles ne se présentent, guère autrement, dans les calculs ordinaires; ainsi les propriétés que nous allons signaler ne doivent être attribuées qu'à cette espèce.

82. Dans une fraction continue de la forme :

$$\alpha + \cfrac{1}{\beta + \cfrac{1}{\gamma + \cfrac{1}{\delta + \cfrac{1}{\text{etc...}}}}}$$

Les fractions $\frac{1}{\beta}, \frac{1}{\gamma}, \frac{1}{\delta}$, etc. , se nomment les fractions intégrantes : leur nombre est limité, si la fraction continue se termine, il est infini, dans le cas contraire.

83. Si on forme les valeurs successives des expres-

sions qu'on obtient, en s'arrêtant succesivement au premier, aux deux premiers, aux trois premiers termes d'une fraction continue, telle que celle qui précède,

On aura :

$$\alpha = \alpha$$

$$\alpha + \frac{1}{\beta} = \frac{\alpha\beta + 1}{\beta}$$

$$\alpha + \cfrac{1}{\beta + \cfrac{1}{\gamma}} = \frac{\gamma(\alpha\beta + 1) + \alpha}{\beta\gamma + 1},$$

et ainsi de suite : on voit donc que les valeurs de ces expressions réduites, se présenteront sous forme de fractions ordinaires : et ces fractions représenteront des parties de plus en plus complètes de la fraction continue génératrice.

Ces fractions s'appellent fractions convergentes.

84. Qand on a calculé la valeur d'un certain nombre de fractions convergentes consécutives, si l'on veut obtenir immédiatement la fraction convergente suivante, il suffit de remarquer que cette fraction aura pour numérateur, le dénominateur de la fraction intégrante à laquelle on s'arrête, multiplié par le numérateur de la fraction couvergente précédente, plus le numérateur de la fraction couvergente antéprécédente.

Quand au dénominateur, il vaudra le dénominateur de la fraction intégrante à laquelle on s'arrête, multiplié par le dénominateur de la fraction convergente précédente, plus le dénominateur de la fraction convergente antéprécédente.

85. Les termes des fractions convergentes consécutives vont continuellement en croissant. Les fractions convergentes consécutives, sont toujours réduites à leur plus simple expression.

Les fractions convergentes consécutives sont alternativement plus petites et plus grandes que la quantité qui a été développée sous forme de fraction continue.

Les fractions convergentes vont continuellement en approchant de la valeur de la quantité développée.

L'erreur que l'on commet en prenant une fraction convergente pour la quantité développée elle-même, est moindre que l'unité divisée par le carré du dénominateur de cette fraction convergente.

Toute fraction dont les termes seraient plus petits que ceux d'une fraction convergente quelconque, approche moins de la quantité développée que cette fraction convergente, dont les termes sont plus grands.

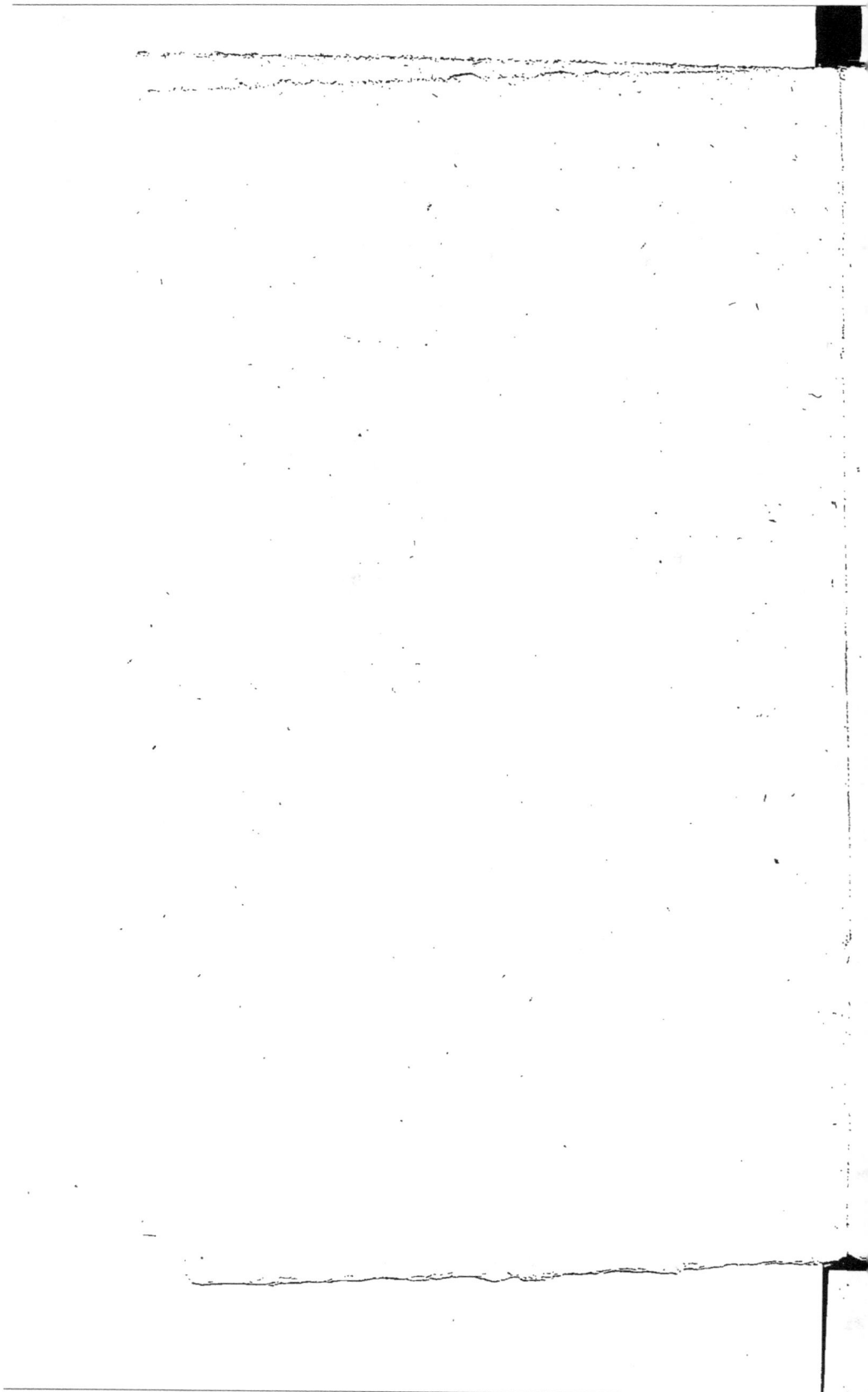

PREMIÈRE PARTIE.

CHAPITRE I.

FORMULES GÉNÉRALES.

86. Lorsqu'on veut effectuer un produit exprimé par $a\,b\,c\,d\,e\,f\,g\,h$; on voit qu'il faudrait multiplier a par b, puis le produit par c, puis le nouveau produit par d, et ainsi de suite jusqu'à la dernière lettre : or, si les lettres a, b, c, d, etc., représentent des nombres un peu considérables, l'opération serait longue.

Alors on peut prendre les logarithmes de a, de b, de c, etc., c'est-à-dire les logarithmes de chacun des facteurs et en les ajoutant on a le logarithme du produit cherché.

On n'a donc que quelques recherches de logarithmes à faire, puis une simple addition, pour avoir le logarithme du produit cherché, produit qu'on trouve alors, dans la colonne des nombres, vis-à-vis le logarithme obtenu.

La formule qui autorise à opérer, comme nous

venons de l'indiquer est pour l'exemple choisi.

$$Log.\ abcdefgh = log.\ a + log.\ b + log.\ c$$
$$+ log.\ d + log.\ e + log.\ f + log.\ g + log.\ h.$$

Elle s'énonce en disant que le logarithme d'un produit, est égal à la somme des logarithmes de ses
facteurs.

87. Si on avait à diviser deux nombres, a et b l'un
par l'autre, on pourrait faire usage de la formule,

$$Log.\ \frac{a}{b} = log.\ a - log\ b.$$

Elle s'énonce en disant que le logarithme d'un
quotient est égal au logarithme du dividende, dont on
retranche le logarithme du diviseur; elle indique par
conséquent qu'il faut chercher dans les tables, les
logarithmes du dividende et du diviseur, faire la
soustraction et chercher la différence dans la colonne
des logarithmes pour trouver le quotient cherché,
vis-à-vis, dans la colonne des nombres.

88. Si on avait à former une puissance telle que
a^{15} par exemple, on voit qu'il faudrait multiplier a
par lui-même, puis le produit par a, puis le nouveau
produit encore par a et ainsi de suite, quatorze fois :
ceci n'aurait véritablement pas de fin, si a était un
nombre considérable.

Dans ce cas il faut faire usage de la formule.

$$Log.\ a^{15} = 15\ log.\ a.$$

Elle s'énonce en disant que le logarithme d'une
puissance quelconque d'un nombre, vaut le logarithme de ce nombre, multiplié par le degré de la
puissance à former.

On prendrait donc, dans la table, le logarithme du nombre a, on le multiplierait par 15, et on chercherait le produit dans la colonne des logarithmes pour trouver vis-à-vis dans la colonne des nombres, la puissance qu'il fallait former.

89. S'il fallait extraire une racine telle que $\sqrt[7]{a}$ par exemple, il faudrait faire usage de la formule

$$Log. \sqrt[7]{a} = \frac{log.\, a}{7}.$$

Elle s'énonce en disant que le logarithme d'une racine quelconque d'un nombre, vaut le logarithme de ce nombre, divisé par le degré de la racine à extraire.

90. Les formules que nous venons de prendre dans ces deux derniers cas pour exemple et pour énoncer des règles générales sont des formules particulières, qui ne s'appliquent qu'aux exemples choisis.

Pour qu'elles s'appliquent dans tous les cas, il faut désigner le degré de la puissance ou le degré de la racine par une lettre qui n'ait aucune valeur numérique déterminée, et qui, par conséquent, demeure arbitraire.

On obtient ainsi quatre formules générales qui s'énoncent comme nous venons de l'indiquer et qui autorisent l'emploi de procédés tout-à-fait simples et expéditifs, pour faire des calculs que l'arithmétique seule rendrait fastidieux.

5*.

Ces formules sont :

$$Log. \, abcd \text{ etc.}$$
$$= log. \, a + log. \, b + log. \, c + log. \, d + \text{etc.}$$

$$Log. \, \frac{a}{b} = log. \, a - log. \, b \, ,$$

$$Log. \, a^m = m \, log. \, a \, ,$$

$$Log. \, \sqrt[m]{a} = \frac{log. \, a}{m} \, .$$

91. Lorsque dans une proportion arithmétique on ne connaît que les valeurs de trois termes seulement, et que la valeur du quatrième est inconnue, ce terme inconnu ne peut-être que le premier ou le deuxième antécédent, ou bien le premier ou le deuxième conséquent.

En appelant donc a, b, c et d les quatre termes d'une proportion arithmétique quelconque, on aura :

$$a \cdot b : c \cdot d.$$

Cette proportion donne lieu aux équations suivantes :

$$a = b + c - d.$$
$$b = a + d - c.$$
$$c = a + d - b.$$
$$d = b + c - a.$$

Elles donnent, comme on le voit, la valeur d'un terme quelconque, d'une proportion arithmétique quelconque, lorsqu'on connaît les valeurs des trois autres termes.

92. Si on appelle a, b, c et d les quatre termes

d'une proportion géométrique, on aura

$$a : b :: c : d.$$

Cette proportion donne lieu aux quatre équations suivantes.

$$a = \frac{bc}{d}.$$

$$b = \frac{ad}{c}.$$

$$c = \frac{ad}{b}.$$

$$d = \frac{bc}{a}.$$

Elles donnent, comme on voit, la valeur d'un terme quelconque, d'une proportion géométrique quelconque, lorsqu'on connaît les valeurs des trois autres termes.

93 Si on appelle a le premier terme d'une progression arithmétique, d la différence, v le terme général, c'est-à-dire, celui dont le numéro d'ordre est un nombre quelconque n, on aura

$$v = a + (n - 1) d.$$

Cette formule fait connaître la valeur d'un terme quelconque d'une progression arithmétique quand on connaît le premier terme, la différence, et le numéro d'ordre du terme considéré.

La formule $\qquad d = \frac{v - a}{n - 1},$

donnerait la différence d'une progression arithmétique lorsqu'on connaît un terme quelconque de numéro n;

n étant connu, et connaissant aussi le premier terme a. La formule

$$n = \frac{v - a}{d} + 1,$$

ferait connoître le numéro d'ordre d'un terme connu v, connaissant le premier terme a, et la différence d : cette valeur de n serait évidemment le nombre des termes de la progression, si v était le dernier terme. Enfin la formule

$$a = v - (n - 1)d,$$

ferait connaître la valeur du premier terme d'une progression arithmétique, connaissant v, n et d.

Actuellement si on appelle s la somme des termes d'une progression arithmétique, on aura, en conservant les dénominations précédentes et admettant que n soit le nombre des termes de la progression, ou bien si on veut s'arrêter au terme du numéro n, on aura :

$$s = (a + v)\,\frac{n}{2},$$

$$a = \frac{2s}{n} - v,$$

$$v = \frac{2s}{n} - a,$$

$$n = \frac{2s}{a + v}.$$

avec ces quatre formules et les précédentes, si on y met un peu d'attention, on verra que lorsque dans une progression arithmétique on connaîtra trois des quantités, s, a, v, n et d, on trouvera toujours deux équations pour faire connaître les deux autres quantités.

L'une de ces deux équations donnera d'emblée la valeur d'une des inconnues cherchées, l'autre équation ne donnera celle de l'autre inconnue, qu'en remplaçant dans le second membre, l'inconnue déterminée, par sa valeur que la première équation aura fait découvrir.

94. Les nombres naturels 1, 2, 3, 4, 5, etc., sont une véritable progression arithmétique dont le premier terme est un 1, la différence est 1 et le numéro d'ordre d'un terme est ce terme lui même.

Ainsi la formule $\qquad s = n \left(\dfrac{n+1}{2} \right)$,

donnera la valeur de la somme des nombres naturels depuis 1 jusqu'à n, n étant un nombre quelconque.

95. Si on élevait au carré tous les termes de la progression des nombres naturels, c'est-à-dire si on les multipliait successivement chacun par lui-même, on obtiendrait la suite,

$$1, 4, 9, 16, 25, 36, \text{ etc. },$$

en appelant $s_{(2)}$ la somme des carrés des nombres naturels, depuis 1 jusqu'à n, c'est-à-dire, le nombre formé par l'addition des termes de la suite qui précède jusqu'au terme qui correspond au chiffre n, on aura :

$$s_{(2)} = \frac{n(n+1)(2n+1)}{6}.$$

96. Si dans une progression géométrique on appelle

a le premier terme, v le dernier, ou bien celui dont le numéro d'ordre est n, r la raison de la progression, s la somme des termes de cette progression, on aura :

$$v = ar^{n-1}$$

$$r = \sqrt[n-1]{\frac{v}{a}},$$

$$n = 1 + \frac{\log. v - \log. a}{\log. r},$$

$$a = \frac{v}{r^{n-1}},$$

$$s = \frac{rv - a}{r - 1},$$

$$a = r(v-s) + s,$$

$$v = \frac{s(r-1) + a}{r},$$

$$r = \frac{s - a}{s - v},$$

Avec ces huit formules, on pourra toujours déterminer deux des quantités v, r, n, a et s, quand on connaîtra les trois autres; on trouvera toujours en effet deux équations dont l'une fournira d'emblée la valeur d'une des inconnues, et dont l'autre fournira la seconde inconnue, en substituant dans son second membre, à la place de l'inconnue qui s'y trouvera, sa valeur qu'on viendra de déterminer.

97. En reprenant l'équation,

$$s = \frac{rv - a}{r - 1},$$

on remarquera que s'il s'agissait d'une progression décroissante, v deviendrait de plus en plus petit, à mesure que le nombre des termes serait plus grand.

Si donc le nombre des termes que l'on réunit est très considérable, la quantité rv devient tellement petite, qu'on peut, sans commettre une erreur sensible, la négliger et alors on a :

$$s = \frac{a}{1 - r},$$

Il est vrai que cette valeur de s n'est pas précisément exacte; mais on sent que plus on prendra de termes plus le total qu'ils fourniront s'approchera de valoir $\frac{a}{1 - r}$.

Cette quantité s'appelle la limite de la progression. On conçoit en effet, qu'en faisant successivement $n = 1, n = 2, n = 3, n = 4$, etc., la valeur de s ira toujours en approchant de cette limite sans pouvoir jamais l'atteindre.

98. L'équation

$$s = \frac{rv - a}{r - 1},$$

peut encore donner lieu à une remarque, c'est que, si on faisait $a = 1$, et $r = 1$, on trouverait,

$$s = \frac{0}{0}$$

L'hypothèse $a = 1$ et $r = 1$ transforme la progression en une suite qui est :

$$1 : 1 : 1 : 1 : 1 : 1 : 1 \text{ etc.}$$

Cependant cette suite est bien encore à la rigueur une progression géométrique : et d'ailleurs il est parfaitement visible que la valeur de s n'est pas $\frac{o}{o}$ mais n.

Ceci ne détruit pas ce que nous avons déjà avancé (art. 76), seulement nous en prendrons occasion de faire observer que pour qu'une valeur qui devient $\frac{o}{o}$ indique que la quantité cherchée est tout-à-fait arbitraire, il faut que la fraction qui subit cette transformation, soit auparavant réduite à sa plus simple expression. Il est bien évident en effet que si on raisonne sur une quantité quelconque x et que sa valeur soit $\frac{a}{b}$ on aura aussi,

$$x = \frac{a\,(r-1)}{b\,(r-1)}$$

et alors, si, dans cette valeur qui, dans le fait est bien celle de x, on vient à faire $r = 1$ on ne trouvera plus

$$x = \frac{a}{b} \text{ mais } x = \frac{o}{o}.$$

C'est justement ce qui arrive, dans le cas que nous venons d'examiner, nous avons

$$s = \frac{rv - a}{r - 1}$$

et à cause que $\qquad v = a\,r^{n-1}.$

Il arrive que réellement $r-1$ se trouve facteur au numérateur et au dénominateur de la valeur de s.

On aurait, en mettant ce facteur en évidence :

$$s = a \left(\frac{r^{n-1} + r^{n-2} + r^{n-3} + \text{etc.} + r + 1}{r-1} \right) (r-1)$$

donc, en divisant numérateur et dénominateur par $r-1$ on a :

$$s = a (r^{n-1} + r^{n-2} + \text{etc.} + r + 1),$$

faisant alors $a = 1$ et $r = 1$ on trouve, $s = n$,

au lieu de trouver $s = \dfrac{0}{0}$.

99. Il pourrait arriver qu'on eût besoin du logarithme d'un nombre quelconque a, dans un système de logarithme, dont nous appellerons b la base qui est ordinairement 10, et qu'on n'eût point de tables à sa disposition.

Pour l'obtenir, on écrira une suite indéfinie d'équations telles, que :

$$\frac{a}{b^m} = c, \quad \frac{b}{c^v} = d, \quad \frac{c}{d^p} = e, \quad \frac{d}{e^q} = f,$$

$$\frac{e}{f^r} = g, \text{ etc.}$$

Dans la première on connaît a et b; on choisira l'exposant m de manière qu'il soit le plus grand nombre entier possible, et que pourtant b^m soit plus petit que a; alors on aura la valeur de c : passant à la seconde équation on y connaîtra b et c; on choisira n de manière qu'il soit le plus grand nombre entier

6.

possible, et pourtant que c^n soit plus petit que b, alors on aura la valeur de d; passant à l'équation suivante, il est évident qu'on y connaîtrait c et d, que rien n'empêcherait de choisir pour valeur de l'exposant p, un nombre entier aussi grand que possible, de manière que d^p demeurât plus petit que c et alors on connaîtrait e, et l'on passerait à l'équation suivante; et procédant continuellement de la même manière, on parviendrait à connaître les valeurs de toutes les lettres employées à former la série d'équations qu'on a disposées du reste avec une régularité, telle que tout le monde pourrait continuer indéfiniment la suite.

Alors on écrira :

$$Log.\ a = m + \cfrac{1}{n + \cfrac{1}{p + \cfrac{1}{q + \cfrac{1}{r + \cfrac{1}{etc.}}}}}$$

On s'arrêtera donc, lorsqu'en calculant l'erreur au moyen de la dernière fraction convergente (art. 85), on trouvera qu'elle est assez petite pour ne pas désirer une plus grande exactitude.

Il convient de pousser le calcul jusqu'à ce qu'on

soit assuré d'avoir le logarithme cherché, à moins d'un millionième près, au plus.

100. Quand on a une tabble de logarithmes, calculés dans un système quelconque dont la base est b, si on veut connaître le logarithme d'un nombre dans un système où la base serait c, il suffira de multiplier le logarithme fourni par la table dont on dispose, par un nombre constant qu'on appelle le module.

Le module est égal à l'unité divisée par le logarithme de la base nouvelle, pris sur les tables dont on dispose.

Ainsi, en appelant m le module, on aurait dans le cas dont nous parlons,

$$m = \frac{1}{\log. c}.$$

et en multipliant par m tous les logarithmes de la table qu'on possède, on formerait une autre table de logarithmes, dont la base serait c.

CHAPITRE II.

FORMULES DE GÉOMÉTRIE.

---

§ I.

DÉTAILS SUR L'ESPACE.

101. Dans l'espace, on doit distinguer les lignes, les surfaces, les solides.

Une ligne est un espace qui n'a qu'une seule dimension.

Une surface est un espace qui a deux dimensions.

Un solide est un espace qui a trois dimensions.

LIGNES.

102. Il existe quatre espèces de lignes.

La ligne droite, qui n'a pas besoin de définition.

La ligne brisée, qui est formée de plusieurs lignes droites ayant des directions différentes.

La ligne courbe, qui n'est ni droite ni composée de lignes droites.

La ligne mixte, qui est en partie droite et en partie courbe.

103. On appelle angle, l'écartement de deux lignes droites qui se rencontrent.

Dans un angle, on distingue le sommet qui est le point de rencontre des deux droites, et les côtés qui sont ces deux droites.

On désigne un angle au moyen de trois lettres, dont l'une se place au sommet et les deux autres chacunes sur un côté : ou les énonce toujours en nommant celle du sommet la seconde.

104. Lorsqu'une droite en rencontre une autre, et qu'elle forme avec cette autre deux angles adjacents égaux, ces angles sont droits, et les droites sont dites perpendiculaires l'une sur l'autre.

Tous les angles droits sont égaux entre eux.

On appelle angle aigu un angle plus petit qu'un angle droit, et on appelle angle obtus un angle plus grand qu'un angle droit.

105. On appelle parallèles deux lignes droites situées dans un même plan et perpendiculaires sur une même droite.

Deux parallèles ne peuvent jamais se rencontrer; elles demeurent constamment et partout à la même distance l'une de l'autre. Cette distance se mesure en abaissant d'un point pris sur l'une des parallèles, une perpendiculaire sur l'autre.

106. Une circonférence est une ligne courbe, dont tous les points sont situés à la même distance d'un point intérieur qu'on appelle le centre.

Le rayon d'une circonférence est une droite, qui part du centre et qui se termine à la circonférence.

6*.

Quand une ligne droite rencontre une circonfé-rence en deux points, elle s'appelle sécante : la partie de la sécante comprise entre ces deux points s'appelle une corde ; la partie de la circonférence séparée du reste par une corde s'appelle, un arc.

Quand une corde passe par le centre, elle s'appelle diamètre : le diamètre d'une circonférence vaut deux fois le rayon.

Quand une ligne droite n'a qu'un seul point com-mun avec une circonférence, et qu'elle n'entre pas dans le cercle en se prolongeant, on la nomme tan-gente ; la tangente à une circonférence, est perpendi-culaire à l'extrémité du rayon qui se rend au point de contact.

107. Deux parallèles comprises entre parallèles, sont égales entre elles. Le rayon perpendiculaire sur une corde, divise cette corde et l'arc sous tendu en deux parties égales : la partie de ce rayon comprise entre l'arc et la corde, s'appelle la flèche de l'arc.

Deux cordes parallèles interceptent entr'elles deux arcs égaux.

Quand une corde et une tangente sont parallèles, le point de contact est le milieu de l'arc sous-tendu par la corde.

De deux cordes inégales, la plus longue est la plus voisine du centre.

Quand deux tangentes partent d'un même point, les distances entre le point de départ et les points de contact sont égales.

Quand une sécante et une tangente partent d'un

même point, la tangente est moyenne proportionnelle entre la sécante et sa partie extérieure.

Quand deux sécantes partent du même point, elles
sont réciproquement proportionnelles à leurs parties
extérieures, ce qui veut dire que la première sécante
et sa partie extérieure peuvent faire les extrêmes
d'une proportion, dont les deux moyens seraient la
seconde sécante et sa partie extérieure.

Quand deux circonférences se touchent en un seul
point, les deux centres et le point de contact sont en
ligne droite, et il n'y a, au point de contact, qu'une
seule et même tangente pour les deux circonférences.

108. Pour élever une perpendiculaire quelconque
sur une ligne droite, il faut prendre deux points quelconques sur cette ligne droite, décrire de ces deux
points comme centres, avec un rayon suffisamment
grand, deux circonférences, et joindre les deux points
d'intersection de ces circonférences.

Si le point de la droite par lequel on doit élever la
perpendiculaire est donné, il faut prendre, de part et
d'autre de ce point des distances égales, et achever
comme il vient d'être dit.

S'il s'agissait d'abaisser d'un point extérieur une
perpendiculire sur une ligne droite donnée, il faudrait
décrire, de ce point extérieur comme centre, avec un
rayon assez grand, une circonférence qui couperait
la droite donnée en deux points, et on se servirait de
ces deux points pour achever comme précédemment.

109. Pour mener une parallèle à une ligne droite
par un point donné, il faut abaisser de ce point une

perpendiculaire sur la droite donné, puis élever, toujours par le point donné, une perpendiculaire sur cette perpendiculaire.

110. Pour faire un angle égal à un autre angle donné, CAB (fig. 1), il faut du sommet A de l'angle donné, que l'on prendra pour centre, décrire un arc MN entre ses côtés.

Cela fait, on tracera une ligne droite quelconque, PQ, on décrira avec le rayon qu'on vient d'employer et d'un point quelconque A' pris pour centre, un arc M' N' : puis on ouvrira son compas d'une quantité OK égale à la corde de l'arc compris entre les côtés de l'angle proposé, on placera la pointe en O', on fera tourner l'autre pointe, sans changer l'ouverture du compas, jusqu'à ce qu'elle rencontre l'arc M' N' en un point K', on joindra les points A' et K' par une droite A' K' qui formera avec la droite PQ un angle Q A' K' parfaitement égal à l'angle CAB proposé.

111. Pour trouver le centre d'une circonférence qui passerait par trois points donnés A, B et C (fig. 2), il faut joindre AB et BC, élever une perpendiculaire sur le milieu de AB, une autre perpendiculaire sur le milieu de BC : ces deux perpendiculaires se couperont en un point O qui sera le centre de la circonférence cherché.

112. Pour trouver le centre d'une circonférence qui toucherait une ligne droite donnée en un point et qui passerait par un point donné, il faut élever une perpendiculaire sur la droite donnée par le point de tangence indiqué, puis élever une autre perpendi-

culaire sur le milieu de la droite, qui réunit le point de tangence et le point extérieur donné, par lequel la circonférence cherchée devra passer.

Ces deux perpendiculaires se couperont en un point qui sera le centre de la circonférence demandée.

113. Pour trouver le centre d'une circonférence qui toucherait une autre circonférence donnée, en un point fixé sur elle, et qui viendrait passer par un point déterminé, il faudrait joindre le point de tangence indiqué au point désigné comme devant appartenir à la circonférence cherchée, élever une perpendiculaire sur le milieu de la ligne droite qui réunit ces deux points, et la prolonger jusqu'à la rencontre du rayon passant au point de tangence en prolongeant bien entendu ce rayon, autant qu'il le faut.

Le point de rencontre sera le centre de la circonférence demandée.

114. Pour diviser un angle quelconque BAC (fig. 3) en deux parties égales, il faut du sommet A comme centre décrire un arc M N entre les côtés : du point M comme centre avec un rayon suffisant décrire un arc, du point N comme centre avec le même rayon, décrire un second arc qui coupera le premier en un point O.

On unira ce point O au sommet, par une ligne droite OA qui partagera l'angle proposé en deux angles partiels BAO et OAC; parfaitement égaux entre eux, et par conséquent chacun moitié de l'angle proposé, BAC.

115. Pour mener une tangente à une circonférence,

par un point extérieur, il faut joindre ce point extérieur au centre de la circonférence proposée par une ligne droite, sur laquelle, comme diamètre, on décrit une seconde circonférence.

Cette seconde circonférence coupera la proposée en deux points, on réunira ces deux points au point extérieur donné, et l'on aura deux tangentes qui satisferont également bien aux conditions de la question.

116. La droite qui divise en deux parties égales l'angle formé par deux tangentes qui partent d'un même point, passe toujours par le centre de la circonférence.

117. Pour tracer une ligne droite, qui soit en même temps tangente à deux circonférences données, il faut réunir les centres O et K (fig. 4) de ces deux circonférences, mener ensuite par le centre de l'une d'elles, un rayon quelconque OA, le prolonger d'une quantité AB égale au rayon de l'autre circonférence, joindre BK, par le point A mener une parallèle à BK : cette parallèle rencontrera la droite OK en un point C.

La tangente cherchée, passera nécessairement par ce point C. Par conséquent, il ne restera plus qu'à mener du point extérieur C, une tangente à l'une des deux circonférences proposées ainsi qu'il a été exposé (art. 115); et en prolongeant cette tangente elle sera aussi tangente à l'autre circonférence.

118. Pour décrire une circonférence, passant par deux points donnés A et B (fig. 5), et tangente en

même tems à une droite déterminée M N, il faut joindre AB , et prolonger cette droite AB jusqu'à la rencontre de MN, en un point C.

Alors on décrit sur AB, comme diamètre, une circonférence, on mène par le point C, une tangente CK à cette circonférence, on décrit du point C comme centre avec un rayon CK, un arc KO qui coupe la droite MN en un point O : c'est ce point O qui doit être le point de contact, et par conséquent, il ne s'agira plus que de faire passer une circonférence par trois points déterminés A, B et O ce qui se fera comme il a été dit (art. 111).

119 Pour diviser un angle droit en trois parties égales, il faut décrire du point A (fig. 6), comme centre, avec un rayon quelconque, un arc MN, entre les côtés de cet angle droit BAC.

Puis du point M et du point N comme centres on décrira successivement et toujours avec le même rayon AN, deux arcs qui couperont l'arc MN l'un en O, et l'autre en K, on réunira OA et KA et les angles MAK, KAO et OAN, seront les trois parties égales cherchées.

120. Pour partager une ligne droite AB (fig. 7), en un certain nombre de parties égales , en cinq par exemple, il faut mener par une des extrémités A, une ligne droite quelconque AC, prendre bout à bout sur cette droite, et à partir du point A, cinq distances égales quelconques; joindre le point extrême D au point B et par les points de division intermédiaires,

mener des parallèles à BD, ces parallèles iront partager la droite AB en cinq parties égales.

121. Pour partager une ligne droite AB (fig. 8), en parties proportionnelles à un nombre quelconque de longueurs données trois par exemple, M, N et P, il faut mener par une des extrémités A une ligne droite quelconque AC, prendre bout à bout sur cette droite AC et à partir du point A trois distances AM = M, MN = N et NP = P, joindre PB et mener par les points M et N des parallèles à PB : alors on aura

$$AM : MN : NP :: AK : KO : OB,$$

par conséquent la droite sera partagée, comme on le désirait.

122. On appelle quatrième proportionnelle à trois lignes droites, une ligne droite qui peut représenter le quatrième terme d'une proportion dont les trois proposées seraient les premiers.

Si on avait par exemple les trois droites M, N et P, (fig. 9) on trouverait la quatrième proportionelle à ces trois droites, en formant un angle quelconque ABC, prenant BM = M, MN = N et PB = P, on joindrait alors MP, par le point N on mènerait NQ parallèle à MP, et l'on aurait la proportion

$$BM : MN :: BP : QP,$$

par conséquent PQ serait la quatrième proportionnelle cherchée.

123. On appelle moyenne proportionnelle entre deux droites, une droite qui forme les moyens d'une proportion géométrique continue dans laquelle les

extrêmes sont représentés par les deux proposées.

Pour trouver une moyenne proportionnelle entre les deux lignes droites M et N par exemple, il faut les placer bout à bout sur une même ligne droite AB, (fig. 10), la droite M de A en O par exemple, et la droite N de O en B, alors sur $AB = M + N$ comme diamètre, on décrit une demie circonférence, par le point O, on élève une perpendiculaire OK, sur AB, et l'on a la proportion

$$AO : OK :: OK : OB$$

ainsi OK est la moyenne proportionnelle cherchée.

SURFACES.

124. Il existe deux espéces de surfaces.

Les surfaces planes, sur lesquelles une ligne droite peut s'appliquer exactement dans tous les sens.

Les surfaces courbes, sur lesquelles une ligne droite ne peut pas s'appliquer exactement dans tous les sens.

Surfaces planes.

125. Toutes les surfaces planes possibles sont comprises dans les six espèces suivantes.

Les triangles, les quadrilatères, les polygones, les cercles, les figures à contours curvilignes continus, les figures à contours mixtilignes quelconques.

126. Le triangle est un espace plan, limité par trois lignes droites qui se coupent.

7.

Dans un triangle on distingue, les côtés et les angles qui sont les écartemens qu'offrent ces côtés.

Un triangle est équilatéral quand ses trois côtés
sont égaux; il est isocelle quand deux de ses côtés
sont égaux entre eux; il est scalène, quand ses trois
côtés sont inégaux.

Un triangle est rectangle quand un de ses angles
est droit, il est acutangle, quand ses trois angles sont
aigus, il est obtusangle, quand un de ses angles est
obtus.

On appelle hypothénuse d'un triangle rectangle,
le côté opposé à l'angle droit.

On appelle hauteur d'un triangle, la perpendiculaire abaissée du sommet d'un des angles de ce triangle, sur le côté opposé, ce côté s'appelle alors la
base du triangle.

D'après cela un triangle peut offrir trois hauteurs
différentes en adoptant successivement chacun de ses
côtés pour base.

Dans un triangle rectangle, le carré fait sur l'hypothénuse est égal à la somme des carrés faits sur les
deux autres côtés.

Dans un triangle quelconque la somme des longueurs
de deux côtés quelconques est toujours plus grande
que la longueur du troisième côté.

Dans un triangle quelconque, la somme des trois
angles vaut toujours deux angles droits.

127. Deux triangles sont égaux quand ils ont un
angle égal compris entre deux côtés égaux, chacun à
chacun, ou bien, lorsqu'ils ont un côté égal adjacent à

deux angles égaux chacun à chacun, ou bien encore, lorsqu'ils ont leurs trois côtés égaux chacun à chacun.

128. Deux triangles rectangles sont égaux entr'eux lorsqu'ils ont l'hypothénuse égale et un côté égal chacun à chacun, ou bien lorsqu'ils ont outre l'angle droit, un angle égal et l'hypothénuse égale chacun à chacun, ou bien encore lorsqu'ils ont en outre de l'angle droit un angle égal et un côté égal chacun à chacun ; ou bien enfin, quand ils ont les deux côtés qui comprennent l'angle droit égaux chacun à chacun.

129. Lorsque deux triangles ont deux côtés égaux chacun à chacun si l'angle compris entre les deux côtés du premier est plus petit ou plus grand que l'angle compris entre les deux homologues du second le troisième côté du premier triangle est plus petit ou plus grand que le troisième côté du second et réciproquement.

130. Dans un même triangle, les côtés égaux sont opposés à des angles égaux et réciproquement les angles égaux sont opposés à des côtés égaux : les plus grands côtés sont opposés aux plus grands angles et réciproquement.

131. On appelle triangles semblables les triangles qui ont leurs angles égaux chacun à chacun et leurs côtés homologues proportionnels.

Deux triangles sont semblables quand ils ont un angle égal compris entre deux côtés proportionnels, ou bien quand ils ont leurs trois angles égaux chacun à chacun, ou seulement deux angles égaux chacun à chacun , ou bien encore lorsqu'ils ont leurs trois côtés homologues proportionnels.

Si deux triangles sont disposés de manière que les côtés du premier soient parallèles aux côtés homogues du second, ou bien de manière que les trois côtés du premier soient perpendiculaires sur les côtés du second, ces deux triangles sont encore semblables.

132. On appelle quadrilataire, un espace plan limité par quatre lignes droites qui se coupent.

Il y a trois espèces de quadrilataires, savoir : le quadrilataire proprement dit, qui n'a aucun de ses côtés parallèles : le trapèze qui a deux de ses côtés parallèles, enfin le parallélograme dont les côtes sont parallèles deux à deux.

Parmi les parallélogrames on en distingue de quatre espèces :

Le rhomboïde qui a ses angles et ses côtés inégaux deux à deux.

Le lozange qui a ses angles inégaux mais ses côtés égaux.

Le rectangle qui a ses angles égaux mais ses côtés inégaux.

Et enfin le carré qui a ses angles éganx et ses côtes égaux.

133. Les deux côtés parallèles d'un trapèze s'appellent bases de ce trapèze : la distance entre les bases d'un trapèze est ce qu'on doit entendre par la hauteur de ce trapèze.

Si on prend un des côtés d'un rhomboïde pour

base, la hauteur du rhomboïde sera la distance entre ce côté et celui qui lui est parallèle, il en est de même pour les autres parallélogrammes.

On remarquera seulement que la hauteur d'un losange ou d'un carré est toujours la même quelque soit la base et que pour le rhomboïde et les rectangles on peut avoir deux hauteurs différentes en adoptant un côté ou un autre pour base.

La hauteur d'un rectangle est égale au côté de ce rectangle qui n'a pas été choisi pour base.

La hauteur d'un carré est toujours égale au côté de ce carré.

134. On appelle diagonale d'un quadrilataire, une ligne droite qui part du sommet d'un des angles de ce quadrilataire pour se rendre au sommet de l'angle qui lui est opposé.

Dans tous les parallélogrammes, les deux diagonales se coupent en un point qui est le milieu de chacune d'elles.

135. La somme des quatre angles intérieurs d'un quadrilataire quelconque vaut toujours quatre angles droits.

136. On appelle polygone un espace plan limité par un certain nombre de lignes droites qui se rencontrent.

Dans un polygone on doit considérer les angles et les côtés, le nombre des côtés sert à les classer, ainsi on dit un polygone de cinq, de huit, de dix côtés, ou si on veut indiquer par le nom de cette espèce de polygone le nombre des côtés qu'il présente on peut dire un pentagone, un octogone, un décagone.

On appelle angles intérieurs d'un polygone les angles formés par deux côtés contigus et qui ont leur ouverture dirigée dans l'intérieur du polygone.

On appelle angle extérieur d'un polygone les angles formés par un des côtés du polygone et le prolongement du côté contigu.

On appelle angle saillant d'un polygone, un angle formé par deux côtés de ce polygone et dont le sommet se dirige à l'extérieur.

Enfin on appelle angle rentrant dans un polygone, un angle formé par deux côtés contigus mais qui a son sommet dans l'intérieur du polygone.

137. La somme des angles intérieurs d'un polygone quelconque qui a ou qui n'a pas d'angles rentrans vaut toujours autant de fois deux angles droits qu'il y a de côtés moins deux.

La somme des angles extérieurs d'un polygone qui n'a pas d'angle rentrant vaut quatre angles droits :

Mais s'il y a des angles rentrans, cette somme en y comprenant les angles rentrans doit être augmentée d'autant de fois deux angles droits qu'il y a d'angles rentrans.

138. On appelle diagonale d'un polygone, toute ligne droite partant du sommet d'un des angles de ce polygone pour se rendre au sommet d'un autre angle de ce même polygone.

139. On appelle polygone régulier, un polygone dont tous les côtés sont égaux entre eux et dont tous les angles sont aussi égaux entre eux.

Un polygone régulier peut toujours être inscrit dans une circonférence et on peut toujours circonscrire à une circonférence, un polygone régulier : ceci veut dire qu'on peut toujours trouver une circonférence qui passe par les sommets de tous les angles d'un polygone régulier, et qu'on peut aussi en trouver une autre qui soit à la fois tangente à tous les côtés de ce même polygone régulier : ces deux circonférences ont le même centre.

140. On appelle polygones semblables, des polygones dont tous les angles sont égaux chacun à chacun et dont tous les côtés homologues sont proportionnels.

Deux polygones sont semblables lorsqu'ils sont susceptibles d'être partagés au moyen de diagonales partant du sommet de deux angles homologues en un même nombre de triangles semblables et semblablement disposés.

Les contours de deux polygones semblables sont entre-eux comme deux de leurs côtés homologues.

Les surfaces de deux polygones semblables sont entre-elles comme les carrés de deux de leurs côtés homologues.

141. On appelle cercle un espace plan limité par une circonférence.

Le cercle est donc une surface comprise entre le centre et la circonférence, la circonférence au contraire est une ligne qui n'a qu'une seule dimension et par conséquent point de surface, elle est formée du sys-

tème de tous les points situés à une égale distance
du centre.

Il faut bien éviter nou-seulement de confondre la
circonférence avec le cercle, car ce serait une erreur
grossière, mais même d'employer des locutions qui
tendraient à faire supposer qu'on ne comprend pas
bien l'acception de ces deux termes, ainsi il ne faut
pas dire un arc de cercle, il faut dire un arc de circonférence : l'espace compris entre l'arc et la corde
s'appelle un segment circulaire.

L'espace limité par un arc de circonférence et
par les deux rayons qui aboutissent aux extrémités de cet arc s'appelle un secteur circulaire.

Surfaces courbes.

142. Nous avons défini les surfaces courbes en
disant qu'on ne pouvait pas y appliquer une ligne
droite exactement et dans tous les sens.

D'après cela on doit distinguer deux espèces de surfaces courbes : celles sur lesquelles on peut appliquer
une ligne droite en la dirigeant d'une certaine
manière.

Celles sur lesquelles il est impossible d'appliquer
une ligne droite exactement de quelque côté qu'on
la dirige.

Les surfaces de la première espèce s'appellent des
surfaces gauches.

Les surfaces de la deuxième espèce s'appellent
des surfaces convexes.

143. Parmi les surfaces gauches il en est qu'on nomme surfaces développables elles peuvent être considé-
rées comme engendrées par l'intersection continuelle
avec lui-même d'un plan dont la position varierait
d'une manière continue c'est-à-dire sans changemens
brusques et conformément à une certaine loi.

On voit d'après cela que ces surfaces sont développables c'est-à-dire qu'on peut toujours les appliquer
sur un plan, sans les replier sur elles-mêmes, ni
produire aucune solution de continuité.

Car ces surfaces étant formées par le système
des intersections des plans qui se coupent deux à
deux, si on considère deux de ces intersections consécutives on verra qu'elles sont sur un même plan, par
exemple l'intersection du huitième et du neuvième
plan, est sur le neuvième plan, mais l'intersection
suivante du neuvième plan avec le dixième est aussi
sur le neuvième plan et ainsi de suite.

Nous disons huitième, neuvième plan, quoique nous
venions de dire qu'il n'y en a qu'un qui se déplace,
c'est que nous imaginons que le plan générateur conserve toutes les positions successives qu'il affecte,
nous voulons par conséquent dire, le plan générateur
dans sa huitième, neuvième position.

Ainsi les intersections successives, que l'on appelle
génératrices de la surface sont deux à deux sur un
même plan; alors les deux premières génératrices
sont déjà sur un même plan, et comme la troisième
est sur un même plan avec la seconde, rien n'empêche
de faire tourner ce plan autour de la seconde généra-

trice pour le rabattre sur le plan des deux premières :

Cela fait, rien n'empêchera de faire encore tourner le plan de la troisième et de la quatrième génératrice autour de la troisième pour le rabattre dans le plan des trois premières et ainsi de suite jusqu'à ce qu'on ait développé toute la surface.

144. Les génératrices d'une surface développable étant sur un même plan deux à deux peuvent dès lors se rencontrer deux à deux en des points dont le système constitue une ligne : on la nomme arrête de rebroussement : elle est la ligne de séparation des deux nappés dont la surface est composée.

Si toutes les intersections qui forment les génératrices étaient parallèles, alors il n'y aurait pas de ligne de rebroussement, et la surface serait cylindrique.

Si le plan générateur était assujetti à passer par un point fixe, toutes les génératrices passeraient évidemment par ce point fixe ; la ligne de rebroussement se réduirait donc à ce point, alors la surface serait conique et le point dont il s'agit serait le sommet du cône.

145. Les cylindres tels que nous venons de les définir varient de forme à l'infini, ceux qu'on a besoin de connaître pour les usages ordinaires, sont les cylindres circulaires : et sous le nom de cylindre on doit toujours entendre ceux-ci.

Un cylindre doit être conçu, formé par le système de toutes les positions qu'affecterait une circonférence dont le plan serait mû parallèlement à lui-même, son centre demeurant toujours sur une même ligne droite que l'on appelle l'axe du cylindre, les deux circonférences extrêmes, c'est-à-dire, celles qui correspondent à la première et à la dernière position du plan générateur sont les bases du cylindre.

Un cylindre est droit quand son axe et ses génératrices sont perpendiculaires sur sa base, il est oblique dans le cas contraire.

146. Les cônes tels que nous venons de les définir varient de forme à l'infini, ceux qu'on a besoin de connaître pour les usages ordinaires, sont les cônes circulaires que l'on distingue sous le nom de cônes proprement dits.

Un cône circulaire peut être conçu, formé par le système de toutes les positions qu'affecterait une ligne droite assujétie à passer constamment par un point fixe et à se mouvoir en rasant le contour d'une circonférence, cette circonférence s'appelle la base du cône, le point fixe est le sommet, et la droite qui se rend du sommet au centre de la circonférence est l'axe du cône.

Un cône est droit quand son axe est perpendiculaire sur sa base, il est oblique dans le cas contraire.

147. On appelle conoïde, une surface engendrée par une ligne droite horizontale, qui glisserait en restant toujours horizontale, le long d'un axe vertical, en rasant le contour d'une circonférence dont le plan

serait vertical et perpendiculaire à celui qui passerait par l'axe directeur et par le centre de la circonféren-ce directrice. Chacune des positions de la droite qui se meut s'appelle une génératrice du conoïde.

On se sert quelquefois de cette surface : ainsi par exemple, si on avait un bâtiment circulaire qui en-velopperait une cour, circulaire elle-même : s'il fallait percer un portail pour communiquer depuis l'extérieur avec la cour, en admettant que le cintre de la porte extérieure fût une demi-circonférence, on pourrait concevoir au centre de la cour un axe ver-tical, prendre le cintre de la porte extérieure pour circonférence directrice, et le conoïde déterminerait une voûte, qui se raccorderait très bien avec la porte extérieure et qui fixeraient à l'intérieur les propor-tions du cintre de la porte, laquelle serait naturel-lement plus étroite mais de même hauteur que l'au-tre, condition qui peut être importante si on veut établir des appartemens au-dessus du portail, car il importe que le sommet de la voûte soit de niveau.

148. Les surfaces convexes varient de forme à l'infini, celles qu'on a besoin de connaître pour les usages ordinaires sont les surfaces sphériques.

On entend par sphère, une surface dont tous les points sont situés à égale distance d'un même point intérieur qu'on appelle le centre.

Une surface sphérique peut être conçue, engendrée par le mouvement d'une demie circonférence qui tournerait autour de son diamètre.

149. On peut détacher de la sphère, des portions de surface qu'il est utile de connaître.

Ainsi le segment sphérique est une partie de sphère détachée par un plan, c'est comme une calotte ou un verre de montre bombé.

Une zone sphérique est l'espace compris entre deux plans parallèles.

Un fuseau sphérique est celui que comprennent entre eux deux plans passant par le centre.

Enfin un triangle sphérique est déterminé par trois plans passant par le centre.

150. Un segment déterminé par un plan passant par le centre s'appelle un hémisphère.

Un plan qui coupe une sphère détermine une section qu'on appelle petit cercle si le plan ne passe pas par le centre et grand cercle s'il y passe.

151. On appelle surfaces de révolution, les surfaces engendrées par le mouvement d'une ligne quelconque qui tournerait autour d'une ligne droite qu'on appelle l'axe de la surface de révolution de manière que chacun des points de la ligne génératrice décrivit autour de l'axe une circonférence.

On voit que l'ordre de surfaces compris dans cette défininiton générale est fort étendu et comprend des surfaces développables et des surfaces convexes.

Les cônes et cylindres droits circulaires sont des surfaces de révolution engendrées par le mouvement d'une génératrice tournant autour des axes du cône ou du cylindre, une sphère est une surface de révolution ainsi qu'on peut s'en assurer en se reportant au mode de génération que nous lui avons attribué, le diamètre serait l'axe de revolution et la demi-circonférence serait la ligne génératrice.

SOLIDES.

152. On appelle solide, un espace limité par une surface quelconque.

La forme des solides en général varie à l'infini, les plus importans à connaître, sont le prisme, le cylindre, la pyramide, le cône et la sphère.

153. Le prisme est un solide, qui a deux polygones égaux et parallèles pour bases, et pour faces latérales des paralléllogrammes.

N. B. Deux polygones sont parallèles quand ils sont situés sur des plans parallèles et que leurs côtés sont aussi parallèles entre-eux.

On distingue divers prismes d'après le nombre des côtés des polygones qui leur servent de base; ainsi les prismes triangulaires, quadrangulaires, etc.

Les lignes de rencontre des faces latérales, ou si on veut les droites qui réunissent les sommets homologues des angles des bases, sont ce qu'on appelle les arrêtes du prisme.

On doit encore distinguer deux espèces de prismes.

Le prisme droit et le prisme oblique. Dans le prisme droit les arrêtes sont perpendiculaires aux bases, dans le prisme oblique, elles ne le sont pas.

Un prisme se nomme parallélipipède quand ses bases et ses faces latérales sont des parallélogrammes.

Un parallélipipède rectangle est celui où les bases et les faces latérales sont des rectangles.

Un cube est un parallélipipède dont les faces latérales et les bases sont des carrés.

Un prisme peut être conçu, engendré par le mouvement d'une de ses bases qui glisserait parallèlement à elle-même et sans tourner le long d'une arrête.

154. Le cylindre considéré comme solide, est l'espace compris entre les bases et la surface d'un cylindre, tel qu'il a été défini comme surface.

La hauteur d'un cylindre est la perpendiculaire commune aux deux plans de ses bases; si le cylindre est droit on voit que son axe est égal à sa hauteur.

155. La pyramide est un solide qui a pour base un polygone, et dont les faces latérales sont des triangles ayant pour base les côtés de ce polygone et leur sommet en un même point qui s'appelle le sommet de la pyramide.

On distingue diverses pyramides, d'après le nombre des côtés des polygones qui leur servent de bases, ainsi pyramides triangulaires, quadrangulaires, pentagonales, etc.

On distingue encore les pyramides régulières et les pyramides irrégulières.

Pour qu'une pyramide soit régulière, il faut que sa base soit un polygone régulier, et que la perpendiculaire abaissée du sommet sur cette base tombe précisément au centre du polygone régulier, centre qui n'est autre chose que celui de la circonférence inscrite ou circonscrite que comporte ce polygone (art. 139).

156. Le cône considéré comme solide, est l'espace compris entre la base et la surface du cône tel qu'il a été défini comme surface.

La hauteur d'un cône est la perpendiculaire abaissée du sommet sur le plan de la base ; si le cône est droit on voit que son axe se confond avec sa hauteur.

157. Une sphère considérée comme solide est l'espace compris entre le centre et la surface de la sphère.

Le segment sphérique est l'espace compris entre un plan sécant et la surface du segment qu'il détache. La flèche d'un segment sphérique est la portion du rayon perpendiculaire sur le plan sécant, engagée entre le plan et la surface de la sphère.

158. On appelle polyèdre un solide limité par des plans ; il faut au moins quatre plans pour fermer et envelopper un espace.

On distingue divers polyèdres d'après le nombre des plans qui les déterminent ; ainsi les tétraèdres offrent quatre plans, les hexaèdres, les octaèdres, les dodékaèdres, les ikosaèdres, etc. ; sont des polyèdres limités par 6, 8, 12 et 20 plans.

On voit que les prismes et les pyramides sont des espèces particulières de polyèdres.

159. Déux pyramides triangulaires sont semblables quand leurs faces sont des triangles semblables et que les inclinaisons de ces faces l'une sur l'autre sont égales.

Deux polyèdres sont semblables, lorsqu'ayant sur leurs enveloppes extérieures deux polygones semblables, les angles solides qui se trouvent situés hors de ces polygones forment les sommets de pyramides triangulaires semblables ayant pour base des triangles semblables et correspondans homologues des faces polygonales homologues dont on vient de parler.

Deux cylindres droits sont semblables, lorsque les rayons de leurs bases sont proportionnels à leurs hauteurs.

Deux cônes droits sont semblables quand les rayons de leurs bases sont proportionnels à leurs hauteurs.

160. Les surfaces de deux solides semblables sont entre elles comme les carrés de deux de leurs côtés ou dimensions homologues.

Les solidités de deux solides semblables sont entre-elles comme les cubes de leurs côtés homologues.

161. On appelle angle solide, un angle formé par une suite de plans qui passent par un même point et qui ferment l'espace compris entre-eux, autour de ce point.

Il faut au moins trois plans pour former un angle solide, dans ce cas on le nomme angle solide triple.

8*.

Les intersections des plans qui forment un angle solide, s'appellent les arrêtes de cet angle solide.

Les angles formés par les arrêtes d'un angle solide s'appellent les faces de cet angle solide.

Les angles formés par les plans consécutifs qui forment les faces d'un angle solide s'appellent les angles de cet angle solide.

On mesure les angles plans, ou l'écartement de deux plans qui se coupent, en prenant l'angle rectiligne qu'on obtient en élevant sur leur intersection deux perpendiculaires, l'une dans le premier plan, l'autre dans le second; cet angle rectiligne est la mesure de l'angle plan.

162. On appelle polyèdres symétriques, deux polyèdres dont les sommets des angles solides sont situés à égale distance d'un même plan et sur les mêmes perpendiculaires élevées sur ce plan.

Les solidités de deux polyèdres symétriques sont équivalentes.

§ II.

MESURE DES ANGLES.

163. L'unité angle est l'angle droit : ainsi le nombre qui sert de mesure à un angle est celui qui exprime combien de fois ou de parties de fois cet angle contient l'angle droit.

Deux angles quelconques sont toujours entre-eux comme les arcs compris entre leurs côtés et décrits

de leurs sommets comme centre avec le même rayon.
L'arc compris entre les côtés d'un angle droit est le
quart de la circonférence, par conséquent la mesure
d'un angle quelconque, est un nombre qui exprime
combien de fois ou de parties de fois l'arc compris
entre ses côtés et décrit de son sommet comme centre,
contient le quart de la circonférence dont il fait
partie.

164. La Trigonométrie est une science dans laquelle on s'occupe de la mesure des angles ; pour cela
on conçoit la circonférence divisée en 360 parties
égales, qu'on appelle *Degrés.*

Le degré se divise en 60 parties égales, qu'on
appelle *Minute*, la minute se divise en soixante
parties égales, qu'on appelle *Seconde* et ainsi de
suite.

Ainsi un angle droit comprend un arc de 90 degrés;
d'après cela on dit quelquefois un angle de huit
degrés, par exemple ; c'est comme si on disait que
cet angle vaut huit quatre-vingt dixièmes, l'angle droit
étant l'unité.

165. La Boussole et le Graphomètre sont des instrumens dont on se sert le plus ordinairement pour
observer les angles : la description et l'usage de ces
instrumens sont des choses qui s'apprennent mieux
en les voyant manier qu'au moyen des meilleures explications, nous admettons qu'on les connaisse.

166. Un angle quelconque ABC (fig. 11), correspond à des lignes particulières qu'on appelle lignes

trigonométriques, et qui varient de longueur avec la grandeur de l'angle.

Ces lignes s'obtiennent en décrivant du sommet B de l'angle, une circonférence avec un rayon dont on fait connaître la mesure une fois pour toutes ; elles sont au nombre de huit.

Le *Sinus* qui est la perpendiculaire MN abaissée de l'extrémité du rayon qui fait partie du premier côté de l'angle, sur l'autre rayon qui fait partie du deuxième côté de cet angle ; la *Tangente* qui est la droite PQ, elle est en effet tangente à la circonférence au point P et se termine à l'autre côté.

Le *Sinus verse* qui est la partie du rayon comprise entre le pied du sinus et la tangente, le sinus verse de l'angle ABC serait ici PN.

La *Sécante* qui est la droite BQ comprise entre le centre et la tangente.

Les quatre autres lignes trigométriques s'appellent *Cosinus*, *Cotangente*, *Cosinus verse* et *Cosécante* : ce sont les mêmes lignes trigonométriques prises à l'égard du complément de l'angle proposé, lequel complément n'est autre chose que CBD qui avec ABC complette l'angle droit.

167. Il existe des tables trigonométriques, c'est un tableau à sept colonnes.

La première colonne contient tous les arcs de minutes en minutes, depuis zéro jusqu'à quatre-vingt dix degrés, et les six autres colonnes contiennent vis-à-vis les logarithmes des six lignes trigonométriques correspondantes, calculées d'après un rayon dont la longueur est annoncée en tête de la table (nous disons six lignes trigonométriques , parce que les sinus verses et les cosinus verses n'y figurent pas).

Les dispositions de ces tableaux varient pour ménager la place mais les recherches sont faciles à faire , d'après l'explication qui en donne le moyen et qui est toujours annexée à la table trigonométrique elle-même.

. Il faut s'habituer à manier lestement les tables de logarithmes et les tables trigonométriques qui ordinairement forment un même volume, c'est le moyen de faire promptement des calculs qui seraient fort laborieux sans ce secours.

168. On appelle angle plan, l'écartement de deux plans qui se rencontrent : un plan est une surface illimitée sur laquelle on peut appliquer une ligne droite exactement et dans tous les sens : quand deux plans se rencontrent , leur intersection est une ligne droite.

Les angles plans sont entre-eux comme les angles rectilignes correspondans , qu'on obtient en élevant par un point de l'intersection commune aux deux plans qui les forment , deux perpendiculaires sur cette intersection, l'une dans le premier plan , l'autre dans le second.

L'angle plan droit doit être celui qui correspond à un angle rectiligne droit ; dans ce cas, les deux plans sont perpendiculaires l'un sur l'autre.

L'unité angle plan, est l'angle plan droit ; par conséquent, la mesure des angles plans n'est autre

chose que la mesure des angles rectilignes correspondans.

§. III.

FORMULES POUR ÉVALUER L'ESPACE.

169 Les détails qui précèdent et les notions préliminaires au moyen desquelles on peut transformer
une expression algébrique en nombre, suffisent pour
qu'on puisse faire usage des formules dont on a le
plus souvent besoin pour évaluer l'espace.

Nous avons dit qu'une question en général condui-
sait à chercher la valeur numérique d'un objet,
c'est-à-dire sa mesure au moyen des rapports que cet
objet avait avec d'autres dont les mesures étaient
données par l'énoncé même de la question.

L'expression algébrique qui représente la mesure
cherchée est formée avec les lettres qui désignent les
mesures connues, de manière que lorsque l'on fait
varier les valeurs de ces lettres, la valeur de la mesure cherchée change aussi, et tant qu'on laisse les
valeurs de ces lettres constantes, la valeur de l'expression algébrique demeure constante.

On dit qu'une quantité est fonction d'une ou de
plusieurs autres, lorsque cette quantité reste constante
et varie avec ces autres; ainsi en nous conformant au
langage reçu, lorsque nous aurons une expression
algébrique représentant la valeur d'une certaine
quantité, nous dirons que cette quantité est exprimée

en fonction des quantités désignées par les lettres de l'expression ou de la formule algébrique.

Les formules que nous allons faire connaître doivent se classer conformément aux distinctions que nous avons faites à l'égard de l'espace, puisqu'on peut avoir à chercher des mesures de longueur, de surface et de solidité.

LONGUEURS.

170. Pour mesurer une ligne droite, il faut si on peut l'aborder porter bout à bout l'unité longueur sur cette droite autant que faire se peut, et si on appelle n le nombre de fois et de parties de fois que cette opération aura pu se faire, on aura en appelant l la longueur cherchée de la droite proposée

$$l = n.$$

Si on n'avait pas d'unité longueur pour mesurer la droite, mais qu'on eut à sa disposition une longueur l' connue, on agirait avec cette longueur l', comme si c'était l'unité longueur, et si elle pouvait être portée n' fois sur la longueur l cherchée, on aurait :

$$l = n' \, l'.$$

171. Pour mesurer une ligne droite qui réunit deux points A et B inabordables (*fig.* 12) ou séparés par un intervalle qu'on ne peut point parcourir, il faut mesurer ainsi qu'il vient d'être dit (art. précédent), la longueur d'une autre ligne A′B′ que l'on choisit de manière que l'on puisse l'aborder et qu'on puisse en se plaçant à ses extrémités A′ et B′, apercevoir les deux points A et B alors on se place d'abord au point A′ par exemple et on observe les angles AA′B′ et BA′B′, on passe au point B′ et l'on observe les angles AB′A′ et BB′A′.

Appelons x la distance AB qu'il faut déterminer, et posons

$$A\,B = x$$
$$A′B′ = b$$
$$A\,A′ = a$$
$$A′\,B = c$$
$$AA′B′ = \alpha,\ AB′A′ = \beta,\ A′AB′ = \gamma$$
$$BA′B′ = \alpha′,\ BB′A′ = \beta′,\ A′BB′ = \gamma′$$
$$AA′B = \alpha″,\ A′AB = \beta″,\ A′BA = \gamma″.$$

Les quantités b, α, β, $\alpha′$, $\beta′$ et $\alpha″$ sont les résultats fournis par les mesures et observations précédemment indiquées.

Remarquons maintenant que d'après ce que nous avons dit (art. 126) la somme des trois angles d'un triangle valent deux angles droits, on doit avoir

$$\gamma = 2 - \alpha - \beta \text{ et } \gamma′ = 2 - \alpha′ - \beta′.$$

Ainsi γ et $\gamma′$ sont connus aussi bien que si on avait pu observer ces angles.

On aura ensuite $a = \dfrac{b\,\sin.\beta}{\sin.\gamma}.$

β et γ étant connus, sinus $\beta′$ et sinus γ s'obtiendront avec les tables, donc la longueur a est aussi bien connue que si on l'avait mesurée.

On a de même $c = \dfrac{b \ sin. \ \beta'}{sin. \ \gamma'}$;

Ainsi c est connu.

Reste donc β'' et γ'' : or en vertn de l'article précité il faut qu'on ait :

$$\beta'' + \gamma'' = 2 - \alpha''.$$

Donc β'' et γ'' forment un total connu, appelons-le m on aura

$$\beta'' + \gamma'' = m,$$

Alors on aura

$$Tang. \left(\frac{\beta'' - \gamma''}{2} \right) = \frac{(a - c) \ tang. \frac{m}{2}}{a + c}.$$

Tout est connu dans le second membre, par conséquent on connait tangente de $\left(\dfrac{\beta'' - \gamma''}{2} \right)$ les tables feront donc connaître $\left(\dfrac{\beta'' - \gamma''}{2} \right)$ et en doublant on aura $\qquad \beta'' - \gamma'' = n$

n étant un nombre connu

alors on aura $\qquad \beta'' = \dfrac{m + n}{2}$,

et $\qquad\qquad \gamma'' = \dfrac{m - n}{2}.$

Donc β'' et γ'' sont maintenant des nombres connus.

9.

La valeur de x est fournie par l'équation

$$x = \frac{b \ sin.\ \alpha \ sin.\ \beta}{sin.\ \gamma \ sin.\ \gamma''}.$$

172. Lorsque les quatre points A, B, A' et B' sont dans un même plan horizontal, la question précédente n'offre aucune difficulté dans la pratique et la valeur de x s'obtient facilement d'après la formule indiquée : mais quand ils sont sur des plans différens ce qui arrive presque toujours, alors il est fort difficile d'observer les angles α, β, α', β', etc., parce qu'il faudrait mettre l'instrument et son limbe dans le plan des rayons visuels qui mesurent l'angle à observer.

On évite cet embarras au moyen d'un instrument, dans lequel la lunette d'observation se meut dans un plan vertical et cet instrument donne pour deux points successivement observés : 1º l'angle formé par le premier rayon visuel avec l'horison ; 2º l'angle formé par le deuxième rayon visuel avec l'horison ; 5º l'angle formé par les deux plans verticaux passant par les deux rayons visuels.

Afin de completter la question précédente, il faut donc que nous donnions la manière de trouver l'angle formé par deux rayons visuels, lorsqu'on connaît les trois angles que nous venons d'indiquer comme étant fournis par l'observation.

Soit x l'angle cherché, α l'angle formé par le premier rayon visuel avec l'horison, β l'angle formé par le deuxième rayon visuel avec l'horison et A l'angle des deux plans verticaux : ces trois angles sont donnés par l'observation.

On aura

$$\cos. x = \sin. \alpha \sin. \beta + \cos. \alpha \cos. \beta \cos. A.$$

173. On appelle rapport de la circonférence au diamètre, le nombre qui exprime combien de fois et de parties de fois le diamètre d'une circonférence pourrait être porté sur la longueur de cette circonférence si elle était développée sur une ligne droite.

Ce rapport est constant pour toutes les circonférences possibles, on le désigne ordinairement par la lettre π et l'on a

$$\pi = 3,141592653, \text{etc.}$$

174. Soit r le rayon d'une circonférence et x sa longueur développée, on aura

$$x = 2 \pi r.$$

cette formule donne, comme on le voit, la longueur développée d'une circonférence, en fonction de son rayon.

175. Considérons un arc dont la mesure en degrés et en minutes serait d, cet arc étant pris sur une circonférence dont le rayon serait r : si on appelle a la longueur développée de cet arc, on voit qu'on pourrait se proposer de trouver la valeur d'une des quantités a, d ou r, quand on connaîtrait les valeurs des deux autres.

Les trois formules suivantes donnent les solutions de ces trois questions

$$a = \frac{\pi r d}{180}$$

$$r = \frac{180\,a}{\pi\,d}$$

$$d = \frac{180\,a}{\pi\,r}$$

Elles expriment, comme on voit, l'une des quantités a, r et d, en fonction des deux autres.

176. Considérons un arc dont on donne la mesure d en degrés, minutes, etc. ; appelons c la corde qui soutend cet arc, et r le rayon de la circonférence dont il fait partie, on aura en appelant R le rayon des tables,

$$c = \frac{2\,r}{R} \times sin.\frac{d}{2}\,,$$

$$r = \frac{C\,R}{2\,sin.\frac{d}{2}},$$

$$sin.\frac{d}{2} = \frac{C\,R}{2\,r}.$$

Ces trois formules expriment, comme on le voit, l'une des quantités c r et d, en fonction des deux autres.

177. Considérons un arc dont on donne la mesure d en degrés, minutes, etc; appelons f la flèche de cet arc, et r le rayon de la circonférence dont il fait partie, on aura en appelant toujours R le rayon des tables,

$$f = \frac{r\left(R - cos.\frac{d}{2}\right)}{R},$$

$$r = \frac{f \cdot R}{R - cos. \frac{d}{2}},$$

$$cos. \frac{d}{2} = \frac{R(r-f)}{r}$$

Ces trois formules expriment, comme on voit, l'une des quantités f, r et d, en fonction des deux autres.

178. Considérons un arc dont la corde serait c, la flèche f, et qui appartiendrait à une circonférence dont le rayon serait r, on aura :

$$r = \frac{c^2 + 4f^2}{8f},$$

$$= \frac{2r \pm \sqrt{4r^2 - c^2}}{2},$$

$$c = 2\sqrt{2fr - f^2}.$$

Ces trois formules expriment l'une des quantités r, f et c, en fonction des deux autres.

Il est bon de faire remarquer que f est représenté par deux valeurs, à cause du double signe plus ou moins, ceci veut dire que

$$f = \frac{2r + \sqrt{4r^2 - c^2}}{2},$$

ou bien que $f = \frac{2r - \sqrt{4r^2 - c^2}}{2}$ à volonté : une corde partage en effet une circonférence en deux parties

9*.

dont chacune représente un arc sous-tendu par la même corde, ces deux arcs ont chacun une flèche, aussi la formule donne les deux flèches, c'est à l'énoncé de la question de faire distinguer quelle est celle que l'on cherche.

On peut aussi remarquer que si c^2 était plus grand que $4\,r^2$, la quantité sous le radical serait négative, mais observons bien que pour que c^2 soit plus grand que $4\,r^2$, il faut que c soit plus grand que $2\,r$, dans ce cas il ne serait pas étonnant que la flèche fut imaginaire, car une pareille question conduirait à chercher la flèche d'un arc sous-tendu, par une corde plus grande que le diamètre, ce qui est absurde.

179. Considérons une circonférence dont le rayon est r, un polygone régulier, inscrit dans cette circonférence, présentant un nombre de côtés désigné par n, et offrant un contour dont la longueur totale serait c.

On aura

$$c = \frac{2\,n\,r}{R} \times sin.\left(\frac{180}{n}\right),$$

$$r = \frac{R\,c}{2\,n\,sin.\left(\frac{180}{n}\right)},$$

$$n\ sin.\left(\frac{180}{n}\right) = \frac{R\,c}{2\,r}.$$

Ces trois formules expriment une des quantités c, r et n, en fonction des deux autres.

La troisième équation donnera facilement n lorsque la question est susceptible d'une solution, car, comme il est évident que n ne peut être qu'un nombre entier, il suffira de quelques essais pour arriver à une valeur de n, qui rende le produit de n par $sin. \dfrac{180}{n}$ égal à la quantité $\dfrac{Rc}{2r}$ qui sera toute connue.

180. Considérons une circonférence dont le rayon serait r, un polygone régulier circonscrit à cette circonférence, présentant un nombre de côtés désignés par n et un contour total, qui serait c, on aura :

$$c = \frac{2\,n\,r}{R} \times tang. \left(\frac{180}{n}\right),$$

$$r = \frac{R\,c}{2\,n\ tang.\left(\frac{180}{n}\right)},$$

$$n\ tang. \left(\frac{180}{n}\right) = \frac{R\,c}{2\,r}.$$

Ces trois formules expriment une des quantités c, r et n, en fonction des deux autres : n devant être un nombre entier, des essais feront connaître sa valeur au moyen de la troisième équation.

181. Si on appelle a un arc appartenant à une circonférence de rayon r, on aura :

$$Tang.\,a = r\,\frac{sin.\ a}{cos.\ a},$$

$$colang.\ a = r\ \frac{cos.\ a}{sin\ a.},$$

$$sec.\ a = \frac{r^2}{cos.\ a}$$

$$cosec.\ a = \frac{r}{sin.\ a}.$$

$$Sin.\ verse.\ a = r - \frac{r\ cos.\ a}{R},$$

$$cosin.\ verse.\ a = r - \frac{r\ sin.\ a}{R};$$

Ces formules expriment toutes les lignes trigonométriques en fonction des sinus et cosinus correspondans, R étant toujours le rayon des tables.

182. Si on appelle a et b deux arcs quelconques pris sur une circonférence de rayon r, on aura :

$$Sin.\ (a+b) = \frac{sin.\ a\ cos.\ b + sin.\ b\ cos.\ a}{r}$$

$$Cos.\ (a+b) = \frac{cos.\ a\ cos.\ b - sin.\ a\ sin.\ b}{r}$$

$$Sin.\ (a-b) = \frac{sin.\ a\ cos.\ b - sin.\ b\ cos.\ a}{r}$$

$$Cos.\ (a-b) = \frac{cos.\ a\ cos.\ b + sin.\ a\ sin.\ b}{r}$$

Ces formules expriment les sinus et cosinus de la somme et de la différence de deux arcs en fonction des sinus et cosinus de ces arcs.

183. Si on appelle a et b deux arcs quelconques,

pris sur une circonférence de rayon r, on aura :

$$sin.\ a = \frac{sin.\left(\frac{a+b}{2}\right)cos.\left(\frac{a-b}{2}\right) + sin.\left(\frac{a-b}{2}\right)cos.\left(\frac{a+b}{2}\right)}{r}.$$

$$sin.\ b = \frac{sin.\left(\frac{a+b}{2}\right)cos.\left(\frac{a-b}{2}\right) - sin.\left(\frac{a-b}{2}\right)cos.\left(\frac{a+b}{2}\right)}{r}.$$

$$cos.\ a = \frac{cos\left(\frac{a+b}{2}\right)cos.\left(\frac{a-b}{2}\right) - sin.\left(\frac{a+b}{2}\right)sin.\left(\frac{a-b}{2}\right)}{r}.$$

$$cos.\ b = \frac{cos\left(\frac{a+b}{2}\right)cos.\left(\frac{a-b}{2}\right) + sin.\left(\frac{a+b}{2}\right)sin.\left(\frac{a-b}{2}\right)}{r}.$$

Ces formules expriment les sinus et les cosinus des arcs proposés en fonction des sinus et cosinus de la somme et de la différeuce de ces mêmes arcs.

184. Si on appelle a un arc quelconque pris sur une circonférence de rayon r, on aura :

$$sin.2\,a = \frac{2\,sin.\,a,\ cos.\,a}{r}.$$

$$cos,\ 2\,a = \frac{cos.^2\,a - sin.^2\,a}{r}.$$

$$sin.\ \frac{1}{2}\,a = \sqrt{\frac{r^2 - r\,cos.\,a}{2}}.$$

$$cos.\ \frac{1}{2}\,a = \sqrt{\frac{r^2 + r\,cos.\,a}{2}}$$

Ces formules expriment les sinus et cosinus du double et de la moitié d'un arc en fonction, des sinus et cosinus de cet arc.

185. Si on appelle a et b deux arcs quelconques pris sur une circonférence de rayon r, on aura :

$$tang. \, (a+b) = \frac{r^2 \, (\, tang. \, a + tang. \, b \,)}{r^2 - tang. \, a \, tang. \, b},$$

$$tang. \, (a-b) = \frac{r^2 \, (\, tang. \, a - tang. \, b \,)}{r^2 + tang. \, a \, tang \, b}.$$

Ces deux formules expriment les tangentes de la somme et de la différence de deux arcs en fonction des tangentes de ces arcs.

186. Si on appelle a la longueur développée d'un arc pris sur une circonférence de rayon r, on aura :

$$a = r \left(tang. \, a - \frac{tang.^3 \, a}{3} + \frac{tang.^5 \, a}{5} - \frac{tang.^7 \, a}{7} + \text{etc.} \right)$$

La loi des termes de la parenthèse est bien simple, elle consiste pour passer d'un terme au suivant, à changer de signe, à augmenter l'exposant de la tangente de deux unités et à augmenter le chiffre du dénominateur aussi de deux unités.

Cette formule donne la longueur développée d'un arc en fonction du rayon et de la tangente de cet arc.

N. B. La tangente d'un arc égal au huitième de la circonférence est égale au rayon : si donc on considérait la circonférence dont le rayon serait *un*, on pourrait écrire

$$\frac{1}{8} \text{ de circonférence dont le rayon est } 1 = 1 - \frac{1}{3} + \frac{1}{5} - \frac{1}{7} + \frac{1}{9} - \text{etc.}$$

En prenant un assez grand nombre de termes,

faisant le total, multipliant par 8, on obtiendrait la longueur de la circonférence développée, divisant alors par 2, on aurait le rapport de la circonférence au diamètre, c'est-à-dire la quantité que nous avons coutume de désigner par π, et l'on connaitrait que

$$\pi = 3,1415926535, \text{etc.}$$

187. Si on appelle a, b et c les trois côtés d'un triangle α, β et γ, les trois angles opposés à ces trois côtés on pourra en désignant toujours par R le rayon des tables, trouver trois des six parties qui composent le triangle, quand on connaîtra les trois autres.

En effet, il ne pourra se présenter que quatre cas :

1° Celui où on donnera les trois côtés; 2° celui où on donnera deux côtés et un angle ; 3° celui où on donnera un côté et deux angles ; 4° celui où on donnera les trois angles.

Premier cas. On donne les trois côtés : alors on a en appelant s la somme des trois côtés.

$$\sin. \frac{1}{2}\alpha = \sqrt{\frac{R^2\left(\dfrac{S}{2}-b\right)\left(\dfrac{S}{2}-c\right)}{b\,c}}.$$

$$\sin. \frac{1}{2}\beta = \sqrt{\frac{R^2\left(\dfrac{S}{2}-a\right)\left(\dfrac{S}{2}-c\right)}{a\,c}}.$$

$$\sin. \frac{1}{2}\gamma = \sqrt{\frac{R^2\left(\dfrac{S}{2}-a\right)\left(\dfrac{S}{2}-b\right)}{a\,b}}.$$

Ces trois formules feront connaître les angles cherchés.

Deuxième cas. On donne deux côtés et un angle, alors il peut arriver que l'angle soit compris entre les deux côtés ou qu'il soit opposé à l'un d'eux : s'il est compris, c'est comme si on donnait par exemple a, b et γ, (nous supposons que α soit opposé au côté a, que β soit opposé au côté b, et γ au côté c).

Alors on aura

$$\alpha + \beta = 2 - \gamma.$$

$$tang. \left(\frac{\alpha - \beta}{2} \right) = \frac{a - b}{a + b} \times tang. \left(\frac{\alpha + \beta}{2} \right).$$

Ces deux équations feront connaître $\alpha + \beta$ et $\alpha - \beta$.

Ainsi on aura $\quad \alpha + \beta = m$
$$\alpha - \beta = n$$

m et n étant des nombres connus, on tire de là

$$\alpha = \frac{m + n}{2}$$

$$\beta = \frac{m - n}{2}.$$

Ces deux équations font déjà connaître α et β : on aura ensuite :

$$c = \frac{a \; sin. \; \gamma}{sin. \; \alpha}$$

Si l'angle était opposé à l'un des côtés donnés, alors c'est comme si on donnait a, b et α par exemple:

pour lors l'équation

$$sin. \ \beta = \frac{b \ sin. \ \alpha}{a}$$

fera connaître l'angle β.

L'équation $\qquad \gamma = 2 - \alpha - \beta,$
fera connaître l'angle γ, et enfin l'équation

$$c = \frac{a \ sin. \ \gamma}{sin. \ \alpha}$$

fera connaître c et tout sera connu dans le triangle proposé.

Troisième cas. Si on donne un côté et deux angles, on ajoutera d'abord ces deux angles, et en retranchant leur somme de deux angles droits, on aura le troisième angle; nous pouvons donc admettre que c'est comme si ou donnait a, α, β et γ.

Dans ce cas, les équations

$$\left. \begin{array}{l} b = \dfrac{a \ sin. \ \beta}{sin. \ \alpha} \\[2mm] c = \dfrac{a \ sin. \ \gamma}{sin. \ \alpha} \end{array} \right\} \quad (\ X\ )$$

donneront les valeurs de b et c et tout sera déterminé dans le triangle.

Quatrième cas. Enfin si on donnait α, β et γ, il y aurait une infinité de triangles qui satisferaient à la question, car en prenant arbitrairement une valeur quelconque pour le côté a, par exemple, les équations (X) feraient connaître les valeurs des deux autres

10.

côtés b et c et le triangle résultant offrirait bien les angles voulus.

N. B. Il est à remarquer que tous les triangles que l'on pourrait établir, d'après cette condition, seraient semblables entre-eux (v. art. 131).

188. Lorsqu'on connaît dans un triangle, la base et les angles adjacents à cette base on peut obtenir sa hauteur au moyen de la formule

$$h = \frac{R\,b}{tang.\ \alpha \mp tang.\ \beta}$$

R est le rayon des tables, b la base, α et β les angles compléments des angles adjacents, ou si on veut, les angles formés par les côtés avec la hauteur du triangle, et h la hauteur cherchée : nous avons mis le double signe $\mp$ parcequ'il est fort important de faire attention à la forme du triangle : si le triangle a la forme ABC (fig. 13), et que la perpendiculaire BN tombe sur le prolongement de la base AC, le dénominateur est $tang.\ \alpha - tang.\ \beta$, si au contraire la hauteur B′ N′ tombe sur la base A′ C′ comme dans le triangle A′B′C′, il faut prendre $tang.\ \alpha + tang.\ \beta$.

Cette dernière formule est très-importante, il faut la retenir par cœur, on s'en sert souvent.

Il est bon de remarquer que lorsqu'on a une ligne droite A B (fig. 14) et que l'on considère une autre droite A C qui part d'un point A pris sur la première et qui se rend a un point C déterminé par une perpendiculaire B C, on a toujours, en admettant que le rayon des tables soit un :

$$tang.\, B\,C\,A = \frac{A\,B}{B\,C}$$

Si la seconde droite était fixée par les sommets de deux perpendiculaires A D et B C, on aurait

$$tang.\, B\,C\,D = \frac{A\,B}{BC - AD}$$

Ces deux équations sont d'un usage très-fréquent; il faut aussi les savoir par cœur.

189. On peut obtenir la hauteur d'une montagne au moyen d'observations faites avec le baromètre.

Supposons qu'en observant au pied de la montagne on ait trouvé

h pour la hauteur de la colonne mercurielle au-dessus du niveau de la cuvette,

T pour le nombre de degrés centigrades accusés par un thermomètre partageant la temperature du baromètre,

t pour le nombre de degrés centigrades accusés par un autre thermomètre exposé à l'air libre.

Admettons qu'au-dessus de la montagne on ait trouvé

h' pour la hauteur de la colonne mercurielle au-dessus du niveau de la cuvette,

T' pour le nombre de degrés centigrades accusés par le thermomètre partageant la température du baromètre,

t' pour le nombre de degrés centigrades accusés par le thermomètre à l'air libre.

Supposons que le nombre de degrés, minutes, secondes, etc., qui représente la latitude du lieu soit désigné par λ.

Enfin appelons H la hauteur cherchée.

On commencera par poser

$$h'\left(1 + \frac{T - T'}{54\,12}\right) = K$$

K sera donc un nombre facile à calculer.

On posera ensuite

$$A = \frac{4584}{125}\,log.\,\frac{h}{k}\,(1 + 0{,}002837\,cos.\,2\lambda)\,(500 + t + t').$$

On pourra donc calculer aussi la valeur numérique de A que nous pouvons dès-lors considérer comme connue.

On posera encore $M = \dfrac{4584}{125}\,(1 + 002837cos.\,2\lambda)$

Et alors on aura enfin

$$H = M\,(500 + t + t')\left[log.\,\frac{h}{k} + 2\,log\left(1 + \frac{A}{6363636}\right)\right]\left(1 + \frac{A}{6363636}\right)$$

190. Pour mesurer la hauteur A B d'un édifice si on peut approcher de son pied A (fig. 15), il suffira de mesurer une longueur A C à partir du pied de cet édifice, puis on observera l'angle B C A que fait le rayon visuel qui se rend au sommet avec la ligne A C, l'angle B A C sera droit si A C est horizontal, dans le cas contraire il faudra mesurer l'angle B A C; alors dans le triangle B A C on connaîtra le côté A C et les deux angles en C et en A on calculera donc A B par le moyen des formules produites (art. 187 ou 188).

Si on ne peut pas approcher du pied A, on tracera une ligne droite C D (fig. 16); on la mesurera ainsi que les angles B C D et B D C; les formules donneront

alors tout le reste du triangle B C D, par conséquent
on aura B C , en observant ensuite les angles A C D
et A D C, on pourra calculer A C.

On aura donc dans le triangle B A C , les deux
côtés A C et B C ; si donc on observe l'angle B C A,
on pourra trouver B A toujours à l'aide des formules
de l'art. 187.

191. On peut résoudre la question précédente
quand on peut approcher du pied de l'édifice, d'une
manière assez aproximative pour être utile dans certains cas : pour cela il suffit de mesurer la longueur
de l'ombre projetée par l'édifice , et la longueur de
l'ombre projetée par un objet quelconque d'une hauteur connue ; bien entendu que , puisque les ombres
varient de longueur aux diverses époques du jour , il
faut mesurer au même moment les deux ombres, il
faut en outre que le terrain soit uni et horizontal :
appelons L la longueur de l'ombre projetée par l'édifice : l la longueur de l'ombre projetée par l'objet dont
la hauteur sera h, désignons par H la hauteur cherchée, nous aurons :

$$H = \frac{Lh}{l} ;$$

Ce procédé, quelque grossier qu'il soit , peut quelquefois être utile.

SURFACES.

192. Lorsqu'on a un triangle dont la base est repré-

sentée par b, la hauteur par h et la surface par s, on a :

$$s = \frac{b\,h}{2}, \quad b = \frac{2\,s}{h}, \quad h = \frac{2\,s}{b}.$$

Ces formules expriment une des quantités s, b et h, en fonction des deux autres.

193. Si $a\,b\,c$ sont les trois côtés d'un triangle, et que s représente sa surface : on aura,

$$s = \sqrt{\frac{p}{2}\left(\frac{p}{2} - a\right)\left(\frac{p}{2} - b\right)\left(\frac{p}{2} - c\right)},$$

p étant le périmètre ou le contour du triangle, c'est-à-dire la somme des longueurs de ses trois côtés, a, b et c.

194. Supposons que l'on considère un parallélogramme, prenons un de ses côtés pour base, appelons le b, appelons h la hauteur, c'est-à-dire la distance du côté choisi pour base au côté qui lui est parallèle, distance qui est la perpendiculaire commune à ces deux côtés; désignons par s la surface du parallélogramme, on aura :

$$s = h\,b, \quad h = \frac{s}{b}, \quad b = \frac{s}{h}.$$

Ces formules expriment une des quantités s, h et b en fonction des deux autres.

195. Considérons un trapèze, appelons b et b' ses deux bases parallèles, h sa hauteur, c'est-à-dire la distance de ces bases; s désignant la surface du trapèze, on aura :

$$s = (b + b')\,\frac{h}{2}, \quad h = \frac{2\,s}{b + b'},$$

Ces deux formules donnent la surface d'un trapèze ou sa hauteur, lorsqu'on connaît les autres élémens qui le déterminent.

196. Considérons un polygone régulier dont le contour sera c ; le rayon de la circonférence inscrite sera r et la surface s. On aura :

$$s = \frac{c\,r}{2}, \quad c = \frac{2\,s}{r}, \quad r = \frac{2\,s}{c}.$$

Ces formules donnent l'une des quantités s, c et r en fonction des deux autres.

197. Considérons un polygone irrégulier quelconque; du sommet d'un des angles, abaissons des perpendiculaires sur tous les côtés de ce polygone : nommons c, c', c'', c''', etc, les côtés de ce polygone; appelons p, p', p'', p''', etc, les perpendiculaires dont nous venons de parler; désignons par s la surface de ce polygone, on aura :

$$s = \frac{cp + c'p' + c''p'' + c'''p''' + \text{etc...}}{2}$$

198. Considérons un cercle, appelons r son rayon et s sa surface, nous aurons :

$$s = \pi\,r^2, \quad r = \sqrt{\frac{s}{\pi}}.$$

Ces deux formules font connaître l'une des quantités, s ou r, quand on connaît l'autre.

199. Considérons un secteur circulaire, appelons s sa surface, r le rayon de la circonférence, a la lou-

gueur développée de l'arc qui le détermine, nous aurons :

$$s = \frac{a\,r}{2}.$$

200. Si s représente la surface d'un segment circulaire, que r soit le rayon, a l'arc et c la corde, on aura :

$$s = \frac{2\,ar - c\,\sqrt{4\,r^2 - c^2}}{4}.$$

201. Si s représente la surface d'une couronne comprise entre deux circonférences concentriques, dont R et r sont les rayons, on aura :

$$s = \pi\,(R^2 - r^2).$$

Cette formule fait connaître la surface de la couronne en fonction, des rayons de deux circonférences concentriques.

202. Si les deux circonférences ne sont pas concentriques, et qu'on appelle d la distance des deux centres, R et r les rayons, il pourra arriver : 1°. que d soit plus petit que $R-r$, alors la surface comprise entre les deux circonférences sera toujours

$$s = \pi\,(R^2 - r^2).$$

Dans ce cas, la petite circonférence ne sortira pas de la grande : R est censé représenter le plus grand rayon.

2°. d pourra être plus grand que $R-r$; alors la petite circonférence sortira de la grande ; dans ce cas, il y aura trois surfaces distinctes ; celle appartenant au grand cercle, celle appartenant au petit, celle commune aux deux cercles.

La surface du grand cercle est πR^2, la surface du petit cercle est πr^2, par conséquent si on déterminait la partie commune, en la retranchant d'une part de πR^2, et d'autre part de πr^2, on obtiendrait les trois surfaces distinctes ci-dessus désignées.

La surface commune résulte de la juxta-position de deux segments ayant pour corde commune, la droite qui réunit les deux points de rencontre des deux circonférences.

Si on appelle c cette corde, on aura d'abord :

$$c = 2 \sqrt{ R^2 - \left(\frac{r^2 - R^2 - d^2}{2\,d} \right)^2 }.$$

Ayant cette corde commune, on trouvera facilement, au moyen des formules consignées (art. 175 et 176), les mesures en degrés et minutes des arcs correspondants, tant sur la grande que sur la petite circonférence, puis les longueurs développées de ces arcs : appelons a et A, ces longueurs ; on aura pour la surface commune aux deux cercles, c'est-à-dire pour cette espèce de double segment.

$$S = \frac{AR + ar}{2} - \frac{c \left(\sqrt{4R^2 - c^2} + \sqrt{4r^2 - c^2} \right)}{4}.$$

3°. Enfin d pourrait être plus grand que $R+r$ dans ce cas, la petite circonférence est entièrement en dehors de la grande ; il n'y a donc plus de partie commune et l'on s'en apercevrait, parce que la valeur de c deviendrait imaginaire.

203. Considérons un triangle quelconque, et deux circonférences, l'une inscrite dans ce triangle, et l'autre qui lui serait circonscrite : appelons a, b et c les côtés du triangle, s sa surface, R et r les rayons des deux circonférences, on aura :

$$s = \frac{abc}{4R}, \qquad s = \frac{r(a+b+c)}{2}$$

$$R = \frac{abc}{4 \ s}, \qquad r = \frac{2s}{a+b+c}.$$

Ces formules peuvent quelquefois servir.

204. Si on considère un prisme et qu'on appelle c le contour de la section obtenue dans ce prisme par un plan perpendiculaire à ses arrêtes, si on appelle a la longueur d'une de ses arrêtes, et s la surface de la somme des faces latérales qui forment l'enveloppe extérieure du prisme, sans y comprendre ses deux bases, on aura :

$$s = a\,c.$$

Il est évident qu'il faudrait ajouter à cette surface, celles des deux bases qui sont des polygones ordinaires si on voulait avoir la surface de la totalité de l'enveloppe extérieure.

205. Considérons un cylindre, appelons a la longueur de son axe, et c le contour de la section qu'on obtient en le coupant par un plan perpendiculaire sur l'axe ; on aura, en désignant par s la surface de

l'enveloppe, du cylindre, sans y comprendre celle
des bases.

$$s = a\,c.$$

Si le cylindre était droit, la section dont nous
venons de parler serait parfaitement égale aux bases,
et alors en appelant r le rayon du cylindre, on
aurait

$$s = 2\,\pi\,r\,a.$$

206. Quand on a un cylindre droit et que par un
point pris sur la circonférence qui lui sert de base, on
mène un plan oblique, ce plan détache une portion
du cylindre, et en appelant s la surface de la partie
de l'enveloppe comprise entre la base et le plan sécant
r le rayon de cylindre, et α l'angle des deux plans,
on aura :

$$s = \frac{2\,\pi\,r^2\,tang.\,\alpha}{R}$$

R étant le rayon des tables.

Si On appelle g, la portion de génératrice d'un
cylindre comprise entre le plan sécant et la base, au
point diamétralement opposé à celui de la base d'où
part le plan sécant, on aura :

$$g = \frac{2\,r\,tang.\,\alpha}{R}$$

et dès lors $\quad Tang.\,\alpha = \frac{g\,R}{2\,r}$

Ainsi on aurait encore :

$$s = \pi\,r\,g.$$

207. La surface d'une pyramide, si on n'y comprend pas sa base, se compose de triangles qu'on évalue comme il a été dit (art. 192).

208. Considérons un cone droit, soit s la surface de son enveloppe extérieure sans y comprendre sa base ; soit r son rayon, et a la longueur de son axe, on aura :

$$s = \pi r \sqrt{a^2 + r^2}.$$

Le côté du cône droit est la génératrice comprise entre le sommet et la base, en l'appelant c, on a aussi

$$c = \sqrt{a^2 + r^2}.$$

Ainsi on aura encore $s = \pi r c$.

209. Pour trouver la surface extérieure d'un cône oblique, sans comprendre sa base, il faut appeler r le rayon de la base, h la hauteur du cône, et d la distance entre le pied de la hauteur et le centre de la base.

Alors on écrit

$$g = \sqrt{h^2 + d^2 + r^2 - \frac{2\,dr\cos.\,\alpha}{R}}$$

R est le rayon des tables ; on met dans cette formule successivement pour $\cos.\,\alpha$ toutes les valeurs que prend le cosinus d'un arc qui varie depuis zéro jusqu'à 180 degrés : plus on fera croître l'arc α par degrés insensibles et plus le résultat qu'on cherche s'obtiendra exactement.

Supposons donc, par exemple, qu'on mette à la place de α, successivement un degré, deux degrés, trois degrés, et ainsi de suite, alors on aura :

$$g = \sqrt{h^2 + b^2 + r^2 - 2br} \qquad \text{quand } \alpha = 0°$$

$$g = \sqrt{h^2 + b^2 + r^2 - \frac{2br \cos. 1°}{R}} \quad \text{quand } \alpha = 1°$$

$$g = \sqrt{h^2 + b^2 + r^2 - \frac{2br \cos. 2°}{R}} \quad \text{quand } \alpha = 2°$$

et ainsi de suite ; et enfin,

$$g = \sqrt{h^2 + b^2 + r^2 + 2br} \qquad \text{quand } \alpha = 180°.$$

Si on ajoute toutes les valeurs successives de g, et qu'on divise le total par le nombre qui exprime combien on en réunit, on obtiendra une somme moyenne que nous pouvons désigner par Σ et alors on aura

$$s = \pi r \Sigma$$

210. Si on coupe un cône droit par un plan parallèle à sa base, et qu'on appelle R le rayon de cette base, r le rayon de la section circulaire que détermine le plan sécant, c la partie du côté comprise entre ces deux plans, en désignant par s la surface du tronc, non compris les bases, on aura :

$$s = \pi c (R + r)$$

211. Si on coupe un cône oblique par un plan parallèle à sa base, on aura un tronc qui sera la

11.

différence entre deux cônes, savoir le cône proposé et le cône détaché par le plan sécant.

On déterminera la surface du cône proposé comme il vient d'être dit (art. 208), mais pour déterminer la surface du cône détaché par le plan sécant, il faudrait connaître les quantités h' d' et r' qui correspondraient pour ce cône aux quantités h d et r qui sont connues dans le grand cône dont il fait partie.

Or, en appelant t la distance du plan sécant à la base, on aura :

$$h' = h - t$$

$$d' = \frac{d(h-t)}{h}$$

$$r' = \frac{r(h-t)}{h}$$

donc, rien n'empêchera de calculer la surface du petit cône, on la retranchera de la surface du grand, et on aura la surface du tronc.

212. La surface d'une sphère dont le rayon est r, est en l'appelant s,

$$s = 4\pi r^2$$

elle vaut comme l'on voit, quatre grands cercles.

213. La surface d'un segment sphérique, r étant le rayon de la sphère, f la flèche du segment, est fournie par l'équation

$$s = 2\pi rf.$$

214. Pour évaluer une zône sphérique, appelons r le rayon, d la distance des deux plans parallèles

qui déterminent la zone, s la surface cherchée, on aura :

$$s = 2\,\pi\,r\,d$$

215. Pour évaluer la surface d'un fuseau sphérique, appelons r le rayon de la sphère, α l'angle des deux plans de grands cercles qui déterminent le fuseau et s la surface cherchée, on aura :

$$s = \pi\,r^2\,\alpha$$

216. Pour évaluer la surface d'un triangle sphérique, appelons α, β et γ les angles des trois plans de grands cercles qui déterminent ce triangle, et s la surface cherchée, on aura :

$$s = \frac{\pi\,r^2}{2}\,(\alpha + \beta + \gamma - 2)$$

SOLIDES.

217. Considérons un parallélipipède quelconque, soit b la surface de sa base, h sa hauteur et v son volume ou sa solidité ; on aura :

$$v = b\,h.$$

218. Considérons un cylindre quelconque, soit b la surface de sa base, h sa hauteur, et v son volume, on aura :

$$v = b\,h.$$

En appelant r son rayon, on pourrait aussi écrire

$$v = \pi\,r^2\,h.$$

219. S'il fallait avoir la solidité d'un tronc de cylindre droit coupé par un plan oblique par rapport à sa base, on aurait en appelant d la longueur de l'axe du tronc, c'est-à-dire de la droite représentant la portion de l'axe comprise entre la base et le plan sécant non parallèle à la base, et b la surface de la base

$$v = a\,b.$$

220. Considérons une pyramide quelconque, soit b, la surface de sa base, h sa hauteur et v son volume: nous aurons :

$$v = \frac{bh}{3}.$$

221. Considérons un tronc de pyramide, détaché par un plan parallèle à la base de la pyramide à laquelle il appartient, appelons h la hauteur du tronc, c'est-à-dire la partie de la droite qui mesure la hauteur de la pyramide, interceptée entre la base et le plan sécant, appelons B la surface de la base inférieure et b la surface de la base supérieure du tronc, v le volume du tronc, nous aurons :

$$v = \frac{h}{3}\left(B + b + \sqrt{B\,b}\right).$$

222. Soit v le volume d'un cône quelconque dont b représente la surface de la base et h la hauteur, on aura :

$$v = \frac{bh}{3}.$$

S'il s'agit d'un cône coupé par un plan parallèle à la base, on aura aussi

$$v = \frac{h}{3} \left(B + b + \sqrt{\overline{B\,b}} \right)$$

h étant la hauteur du tronc B et b les surfaces des deux bases.

223. Si on appelle r le rayon d'une sphère quelconque et v son volume, on aura :

$$v = \frac{4\,\pi\,r^3}{3}$$

224. Considérons un segment sphérique, appelons r le rayon, f la flèche, et v le volume de ce segment, nous aurons :

$$v = \pi f^2 \left[r - \frac{f}{3} \right].$$

225. On appelle secteur sphérique un solide engendré par un secteur circulaire qui tournerait autour d'un des rayons qui le limitent, un secteur sphérique, se compose d'un segment sphérique et d'un cône qui a son sommet au centre de la sphère et la base sur le cercle déterminé par le plan sécant qui détache le segment : si on appelle r le rayon, f la flèche du segment correspondant au secteur sphérique et v le volume de ce secteur, on aura :

$$v = \frac{2}{3}\,\pi\,r^2\,f.$$

226. Si on considère une portion de sphère comprise entre deux plans parallèles, cette portion vau-

6*.

dra la différence des deux segmens détachés par les deux plans : si donc on appelle r le rayon f et F les deux flèches et v le volume de la portion cherchée, on aura :

$$v = \pi\left[F^2\left(r - \frac{F}{3}\right) - f^2\left(r - \frac{f}{3}\right)\right].$$

227. Si on considère l'espace limité par un fuseau sphérique et par les deux plans qui le déterminent, on aura en appelant r le rayon et α l'angle des deux plans, v étant le volume cherché.

$$v = \frac{\pi \, r^3 \, \alpha}{3}.$$

228. Considérons un solide de révolution engendré par un triangle quelconque qui tournerait autour d'un axe passant par le sommet d'un de ses angles; l'axe de révolution étant dans le plan du triangle générateur et le laissant d'ailleurs tout entier du même côté.

Appelons v le volume du solide, b la base du triangle opposée à l'angle précité, h la hauteur et d la distance du milieu de la base à l'axe de rotation, nous aurons :

$$v = \frac{2\,\pi\,b\,h\,d}{3}.$$

DES MAXIMA ET MINIMA.

229. Il se présente quelquefois des questions qui ont pour objet la recherche de certaines mesures plus petites ou plus grandes que toutes celles qu'on peut

obtenir en faisant varier arbitrairement quelques-uns des élémens dont elles dépendent.

Ces questions s'appellent questions de maximum ou de minimum :

L'algèbre fournit le moyen de les résoudre : nous avons vu qu'elle donnait la faculté d'exprimer la valeur d'une quantité au moyen des valeurs des autres quantités avec les quelles elle varie et cela sans que ces valeurs soient données numériquement. D'après cela pour trouver la valeur maximum par exemple, d'une quantité exprimée par une formule algébrique, il faudrait attribuer suxcessivement aux élémens variables qui entrent dans cette formule, toutes les valeurs imaginables, convertir en nombre et s'arrêter à l'expression qui surpasserait toutes les autres.

Ce procédé que le bon sens indique, induirait presque toujours à faire des calculs rebutans par leur longueur, mais il nous suffit de savoir que par certains artifices algébriques, on parvient sans faire de pareils essais et de prime abord, aux valeurs qui sont les maxima et minima que l'on veut obtenir.

Nous allons faire connaître quelques-uns des résultats qui peuvent être utiles.

LIGNES.

230. La plus courte ligne qc'on puisse mener d'un point extérieur à une ligne droite est la perpendiculaire abaissée de ce point sur cette droite.

231. La plus courte ligne qui puisse joindre deux parallèles est la perpendiculaire commune à ces deux parallèles.

232 La plus courte ligne qui puisse joindre deux lignes droites quelconques situées dans l'espace et qui ne sont point sur un même plan est la perpendiculaire commune à ces deux droites.

Cette perpendiculaire commune s'obtient en faisant passer par la première droite un plan parallèle à la seconde, abaissant d'un point pris sur la seconde droite une perpendiculaire sur ce plan, du pied de cette perpendiculaire on mène une parallèle à la seconde droite, et du point de rencontre de cette parallèle avec la première droite on élève une perpendiculaire sur le plan et c'est la perpendiculaire commune cherchée.

233. La plus courte ligne qu'on puisse mener d'un point extérieur à un plan est la perpendiculaire abaissée de ce point sur ce plan.

N. B. Une droite est perpendiculaire sur un plan quand elle l'est à la fois sur deux droites passant par son pied dans ce plan.

Ainsi pour abaisser d'un point extérieur une perpendiculaire sur un plan, il suffit de prendre une longueur quelconque, suffisamment grande, placer une de ses extrémités au point extérieur, toucher le plan en trois endroits différens avec l'autre extrémité, faire passer par ces trois points (art. 111), une circonférence, et joindre le point extérieur au centre de cette circonférence, cette droite sera la perpendiculaire demandée.

234. La plus courte droite qu'on puisse mener d'un point extérieur à une circonférence (le point extérieur étant sur le plan de la circonférence), est celle qui prolongée passe par le centre.

235. La plus longue droite qu'on puisse mener d'un point extérieur à une circonférence, est celle qui passe par le centre.

236. La plus courte ligne droite qu'on puisse mener d'un point intérieur à une circonférence, est celle qui prolongée, passe par le centre.

237. La plus longue ligne droite qu'on puisse mener d'un point intérieur à la circonférence, est celle qui passe par le centre.

238. La plus longue de toutes les cordes dans une même circonférence, est celle qui passe par le centre, c'est-à-dire un diamètre.

Si l'on considère un certain nombre de cordes appartenant à une même circonférence, la plus longue est celle qui est la plus voisine du centre, la plus courte est celle qui en est le plus éloignée.

239. Dans un même triangle au plus grand angle est opposé le plus grand côté et au plus petit angle est opposé le plus petit côté; Les côtés égaux sont opposés à des angles égaux et réciproquement.

240. Le sinus d'un arc est plus petit que cet

arc, la tangente d'un arc est plus grande que cet arc.

SURFACES.

241. Le plus grand de tous les triangles de même contour, est le triangle équilatéral.

Le plus grand de tous les triangles de même base et de même contour, est le triangle isocelle.

Le plus grand de tous les triangles que l'on peut faire avec deux côtés donnés et un troisième arbitraire est le triangle rectangle, dont le côté arbitraire serait l'hypothènuse.

242. Le plus grand de tous les quadrilataires de même contour, est le carré.

243. Le plus grand de tous les polygones qu'on puisse faire avec un certain nombre de côtés donnés et un dernier arbitraire est tel que si on décrit sur le côté arbitraire une demi-circonférence, elle passera par le sommet de tous les angles du polygone.

244. Le plus grand de tous les polygones qu'on puisse faire avec un certain nombre de côtés donnés doit pouvoir être inscrit dans une circonférence.

245. Le plus grand de tous les polygones qu'on puisse faire avec un contour donné et un nombre de côtés déterminés, est le polygone régulier.

246. Le plus grand polygone régulier parmi plu-

sieurs polygones réguliers de même contour, est celui qui a le plus grand nombre de côtés.

247. Le cercle est la plus grande figure de même contour.

SOLIDES.

248. Le plus grand de tous les parallélipipèdes dont la surface extérieure est déterminée, est le cube.

249. Le plus grand de tous les prismes dont la surface extérieure est déterminée, est le prisme droit dont la base est un polygone régulier, offrant le plus grand nombre de côtés qu'il soit permis d'employer, et dont la hauteur est égale au diamètre de la circonférence inscrite dans la base adoptée pour le prisme.

250. Supposons qu'on ait une sphère d'un rayon r et qu'on propose d'en détacher deux segmens égaux par deux plans parallèles, de telle sorte que le cylindre compris entre les deux cercles déterminés par les plans sécants fût un maximum.

On aurait, en appelant f la flèche d'un des segmens,

$$f = r - \sqrt{\frac{r^2}{3}}$$

251. Le plus grand cylindre de surface extérieure

déterminée, est le cylindre droit, dont la hauteur est égale au diamètre de sa base.

252. La sphère est le plus grand solide de même surface.

CHAPITRE III.

FORMULES POUR ÉVALUER LE TEMS.

—

253. Tout le monde sait ce que c'est qu'un almanach, on peut le considérer comme un tableau à deux
colonnes, dans la première colonne on trouve les
dates ou quantièmes de chaque mois et vis-à-vis,
dans la seconde, le nom du jour correspondant.

Un almanach peut servir à résoudre deux questions,
savoir : connaissant la date d'un jour, trouver le nom
qu'il porte dans le calendrier.

Connaissant le nom d'un jour et sa date à-peu-
près, de manière à n'hésiter qu'entre trois ou quatre
nombres consécutifs, trouver cette date.

Il pourrait arriver qu'on eût besoin de résoudre
l'une ou l'autre de ces deux questions, et qu'on n'eut
pas d'almanach à sa disposition.

Pour cela appelons a le nombre qui désigne l'année : m le numéro d'ordre du mois et d la date du
jour dont on cherche le nom, désignons par x le
numéro d'ordre du jour cherché qui s'appellera par
conséquent dimanche si $x = 1$ lundi, si $x = 2$
mardi, si $x = 3$, etc.

12.

Divisons a par 7, à moins d'une unité, soit q le quotient, et r le reste, nous aurons :

$$a = 7\,q + r.$$

Divisons a par 4, à moins d'une unité, soit q' le quotient, et r' le reste, nous aurons :

$$a = 4q' + r'.$$

Divisons a par 100, à moins d'une unité, soit q'' le quotient, et r'' le reste, nous aurons :

$$a = 100\,q'' + r''.$$

Divisons q' par 7, à moins d'une unité, soit q''' le quotient, et r''' le reste, nous aurons :

$$q' = 7\,q''' + r'''.$$

Divisons q'' par 7, à moins d'une unité, soit q'''' le quotient, et r'''' le reste, nous aurons :

$$q'' = 7\,q^{\text{iv}} + r^{\text{iv}}$$

Toutes les équations qui précèdent s'obtiendront en moins de rien, et alors on pourra écrire

$$r + r''' - r^{\text{iv}} + 5 = k,$$

De sorte qu'on peut considérer k comme un nombre connu.

Ceci entendu nous devons distinguer deux cas.

1° r' étant zéro et r'' n'étant pas zéro.

Posons alors

$$m = 1,\ 2,\ 3,\ 4,\ 5,\ 6,\ 7,\ 8,\ 9,\ 10,\ 11,\ 12.$$
$$g = 0,\ 1,\ 0,\ 1,\ 1,\ 2,\ 2,\ 3,\ 4,\ 4,\ 5,\ 5.$$

La valeur de g sera toujours celle qui correspoud à celle de m, fournie par la question : ainsi g vaudra zéro en janvier, g vaudra 1 en mai, 3 en août, etc.

On pourra donc écrire

$$30\,(m-1)+g+d+k-2=H.$$

« Rien ne sera plus facile que d'obtenir le nombre H.

Divisons H par 7, à moins d'une une unité, soit Q le quotient et R le reste, on aura :

$$H=7\,Q+R.$$

Et enfin $\qquad x=R.$

Deuxième cas. r' et r'' étant tous deux zéro ou ne l'étant ni l'un ni l'autre.

Alors on posera

$$m = 1, 2, 3, 4, 5, 6, 7, 8, 9, 10, 11, 12.$$
$$g = 1, 2, 0, 1, 1, 2, 2, 3, 4, 4, 5, 5.$$

Alors on aura toujours

$$30\,(m-1)+g+d+k-2=H.$$
$$H=7\,Q+R.$$

Et $\qquad x=R.$

354. Pour faire une application, nous allons chercher le nom du jour qui correspond au seize décembre 1828.

Nous aurons donc

$$a=1828, m=12 \text{ et } d=16.$$

En effectuant les divisions indiquées dans l'article précédent, on s'assurera facilement que

$$r=1, =r'=0, r''=28.\quad r'''=2 \text{ et } r^{iv}=4,$$

Ainsi nous sommes dans le premier cas, puisque $r' = o$ et r'' n'est pas zéro.

Alors $\qquad k = 4$ et $g = 5$,

donc $\qquad\qquad\qquad H = 353$,

donc $\qquad\qquad\qquad x = \quad 3$

donc le 16 décembre 1828 était un mardi.

255. S'il fallait résoudre la seconde question, c'est-à-dire, si connaissant à-peu-près la date d'un jour, on n'avait que le nom de ce jour pour le fixer positivement : il suffirait de chercher par le procédé indiqué le nom du jour correspondant à la date que l'on soupçonne être la bonne, alors si on tombe sur le nom du jour lui-même, c'est que la date que l'on soupçonnait bonne l'était effectivement, si au contraire on trouve un autre nom, alors rien n'empêche d'augmenter ou de diminuer la date essayée de quelques unités pour tomber sur le nom du jour donné, et pour cela il n'y a pas de nouveaux calculs à faire.

256. Supposons par exemple que nous voulions connaître la date exacte du premier dimanche du mois de mai 1836.

Nous chercherions le nom du jour qui correspond au 1er mai 1836, nous trouverions

$$a = 1836, \qquad m = 5, \qquad d = 1$$

$r = 2, \quad r' = o \quad r'' = 36, \quad r''' = 4, \quad r^{iv} = 4,$

donc $\qquad k = 7, \quad g = 1, \quad H = 127$

donc $\qquad\qquad\qquad x = 1$

donc le 1er mai 1836 sera un dimanche, et par conséquent le 1er dimanche de 1836 est justement le 1er jour du mois.

257. Voici un tableau au moyen duquel on peut résoudre quelques questions sur la durée probable de la vie des hommes en France.

ans		ans		ans		ans	
0	1000000	27	458282	54	265450	81	28886
1	767525	28	451635	55	257193	82	23680
2	671834	29	444932	56	248782	83	19106
3	624668	30	438183	57	240214	84	15175
4	598713	31	431398	58	231488	85	11886
5	583151	32	424583	59	222605	86	9224
6	573025	33	417744	60	213567	87	7165
7	565838	34	410886	61	204380	88	5570
8	560245	35	404012	62	195054	89	4686
9	555486	36	397123	63	185600	90	3830
10	551122	37	390219	64	176035	91	3093
11	546888	38	383301	65	166377	92	2466
12	542630	39	376363	66	156651	93	1938
13	538255	40	369404	67	146882	94	1499
14	533711	41	362419	68	137162	95	1140
15	528969	42	355400	69	127347	96	851
16	524020	43	348342	70	117656	97	620
17	518863	44	341235	71	108070	98	442
18	513502	45	334072	72	98637	99	307
19	507949	46	326843	73	89404	100	207
20	502216	47	319539	74	80423	101	135
21	496317	48	312148	75	71745	102	84
22	490267	49	304662	76	63424	103	51
23	484083	50	297070	77	55511	104	29
24	477777	51	289361	78	48057	105	16
25	471366	52	281527	79	41107	106	8
26	464863	53	273560	80	34705	107	4

On voit que ce tableau renferme deux colonnes, la première contient la suite des nombres naturels depuis zéro jusqu'à 107; et la seconde contient vis-à-vis certains nombres qui vont en décroissant.

12ᵉ.

258. Supposons que a représente le nombre d'années qui forme l'âge d'une personne quelconque, et qu'on veuille connaître le nombre d'années qu'elle vivra encore probablement :

Pour y parvenir on cherchera le nombre a dans la colonne des nombres naturels, on divisera par deux le nombre que l'on trouvera vis-à-vis, dans la seconde colonne, puis on cherchera, en poursuivant dans cette seconde colonne, le nombre qui approche le plus de cette moitié; vis-à-vis on trouvera dans la colonne des nombres, l'âge auquel parviendra probablement la personne dont il s'agit.

Cette probabilité est telle que si on observait ce qui arrivera sur un grand nombre de personnes dont l'âge serait a pour chacune, on trouverait que ce nombre serait réduit de moitié à l'époque indiquée sur le tableau. Ainsi la personne que l'on considère a autant de chances pour elle que contre elle.

259. Si on considère un nombre n de peronnes d'un même âge représenté par a, et qu'on appelle x le nombre de ces personnes qui mourront probablement dans le courant de l'année suivante, il faut prendre le nombre N qui correspond sur le tableau au nombre a, en retrancher le suivant, ce qui donnera une différence d, et on aura :

$$x = \frac{n\,d}{N}$$

260. Si on appelle x le nombre des personnes ayant un même âge a, il faudra pour que sur ces x

personnes il en meure probablement une dans le courant de l'année suivante, on ait :

$$x = \frac{N}{d}$$

N et d ayant les valeurs fournies par le tableau comme il a été dit à l'article précédent.

261. Si on considère un nombre n de personnes ayant le même âge A, si on veut savoir à quel nombre il sera réduit lorsqu'elles auront atteint l'âge A', il faudra chercher les deux nombres correspondant à A et à A' dans le tableau, soit N le nombre correspondant à A est N' celui qui correspond au nombre A', on aura, en appellant x le nombre cherché.

$$x = \frac{n\,N'}{N}$$

262. Si on appelle a et A les âges de deux personnes et qu'on demande dans combien d'années la personne dont l'âge est A aura un âge qui contiendra n fois celui qu'aura l'autre personne, on aura, en appelant x ce nombre d'années,

$$x = \frac{A - n\,a}{n - 1}$$

263. On appelle *Pendule simple*, un point matériel pesant, suspendu à l'extrémité d'un fil dénué de pesanteur, inflexible, inextensible, et attaché par son extrémité à un point fixe.

Lorsqu'on écarte le pendule simple de la verticale,

en le faisant tourner autonr du point fixe qui le soutient, la pesanteur le fait revenir à cette position,
puis il la dépasse en vertu de son mouvement acquis,
il revient ensuite sur lui même, dépasse encore la
verticale, retourne de nouveau et ainsi de suite.

On dit alors que le pendule oscille et la durée de
l'oscillation est le tèms qu'il faut pour que le pendule
aille d'une position extrême à celle qui correspond de
l'autre côté.

L'amptitude de l'oscillation, est l'arc parcourru
par le point matériel pesant pendant une oscillation.

264. Le pendule simple est un instrument idéal
qu'on peut remplacer par un fil léger, à l'extrêmité
duquel on suspend une petite balle sphérique pesante:
un pareil pendule oscille, à très-peu de chose près,
comme un pendule simple dont la longuenr serait
égale à la distance entre le point de suspension et le
centre de la balle sphérique.

Pour qu'un pendule simple accomplisse une oscillation par seconde, il faut qu'en désignant par L sa
longueur, on ait :

$$L = 0^m.99384.$$

On voit que cette longueur ne diffère presque pas
du mètre.

265. Si on appelle T le tems d'une oscillasion
d'un pendule dont la longueur serait L, on aura,
en appelant g l'action de la gravité, ou de la
pesanteur.

$$T = \pi \sqrt{\frac{L}{g}}$$

N. B. Voyez (art. 269) ce qu'on doit entendre par g et sa valeur numérique.

CHAPITRE IV.

FORMULES DE MÉCANIQUE.

——

266. Si on considère une force désignée par f et agissant sur une masse m, en admettant qu'elle lui imprime une vîtesse v, on aura :

$$f = mv.$$

Ceci suppose que la force que l'on considère est ce qu'on appelle une force instantanée, c'est-à-dire une force qui produit immédiatement l'effet dont elle est susceptible, de telle sorte que la masse m sur laquelle elle a agi prend une vitesse v qu'elle conserve sans altération si rien ne la trouble dans son mouvement, et cette masse se meut alors en ligne droite parcourant des longueurs égales en tems égaux.

Dans ce cas, si on mesure les longueurs parcourues à partir du point de départ, on aura en appelant e l'espace parcouru au bout d'un temps t

$$e = vt.$$

267. Outre les forces instantanées qui donnent lieu à ce qu'on appelle un mouvement uniforme, il existe

d'autres espèces de forces qu'on nomme forces accélératrices.

Ces forces agissent continuellement sur le mobile, elles hâtent ou retardent sa marche, tantôt en augmentant ou diminuant la vîtesse de quantités égales en tems égaux, tantôt en augmentant ou diminuant cette vîtesse de quantités inégales en tems égaux.

Ainsi on doit distinguer des forces accélératrices constantes et des forces accélératrices variables : les premières donnent lieu à un mouvement uniformément accéléré, les autres produisent un mouvement varié proprement dit.

Lorsqu'un mobile se meut par suite de l'action continuelle d'une force accélératrice constante ou variable, sa vîtesse est variable et change à chaque instant, dans ce cas lorsqu'on parle de la vîtesse de ce mobile en un point de la ligne qu'il parcourt ; on doit entendre la vîtesse qu'on pourrait estimer si au moment où le mobile arrive au point dont il s'agit, la force accélératrice l'abandonnait pour le laisser se mouvoir librement, pendant l'unité tems.

268. Considérons un mobile soumis à l'action d'une force accélératrice constante, et admettons qu'on observe le mouvement au départ,

Soit L la longueur parcourue pendant la première unité tems.

v la vîtesse à la fin de la première unité tems.

w la vîtesse à la fin d'un tems quelconque t.

e l'espace total parcouru au bout du tems t.

Nous aurons :

$$v = 2\,L \qquad\qquad v = \frac{2e}{t^2}$$

$$L = \frac{v}{2} \qquad\qquad L = \frac{e}{t^2}$$

$$t = \frac{w}{v} \qquad\qquad t = \sqrt{\frac{2e}{v}}$$

$$w = v\,t \qquad\qquad w = \frac{2e}{t}$$

$$e = \frac{v\,t^2}{2} \qquad\qquad e = \frac{L\,w^2}{v^2}$$

avec ces formules on pourra toujours assez facilement trouver les valeurs de trois des quantités L, v, w, e et t, quand on connaîtra les deux autres.

269. La pesanteur est une force accélératrice qui entraîne les corps vers le centre de la terre : on peut considérer cette force accélératrice comme constante lorsque le mouvement que l'on étudie s'accomplit dans une petite étendue par rapport aux dimensions de la terre. La pesanteur s'appelle aussi gravité.

En prenant la seconde pour unité tems, la vitesse que nous avons désignée par v dans l'article précédent représenterait la vitesse qu'aurait acquise un mobile lorsque la pesanteur aurait agi sur lui pendant une seconde; cette vitesse se désigne toujours par la lettre g, et pour la latitude de la France, on a :

$$g = 9^m. 8088.$$

La valeur de L ; c'est-à-dire la longueur verticale parcourue par un corps abandonné librement à la pesanteur pendant une seconde, serait $\frac{1}{2} g$, c'est-à-dire $4^m 9044$.

270. Si nous conservons les dénominations de l'article 268 et que nous considérions le mouvement uniformement accéléré produit par la pesanteur nous aurons :

$$t = \frac{w}{g} \qquad\qquad t = \sqrt{\frac{2\,e}{g}}$$

$$w = g\,t \qquad\qquad w = \frac{2\,e}{t}$$

$$e = \frac{g\,t^2}{2} \qquad\qquad e = \frac{w^2}{2\,g}$$

à l'aide de ces formules on déterminera facilement deux des quantités t, w et e, quand on connaîtra l'autre.

271. Il serait facile de vérifier à l'aide des formules précédentes que la vitesse d'un corps qui tombe, double, triple ou quadruple quand le tems de la chute est double, triple ou quadruple; on voit en effet par l'équation $w = g\,t$ que quand t devient double w devient double et ainsi de suite.

13.

On reconnaîtrait aussi que tandis que les vîtesses sont proportionnelles au tems, les espaces parcourus, sont proportionels aux carrés des tems, c'est-à-dire, que quand le tems est double l'espace est quadruple, quand le tems est triple, l'espace parcouru est neuf fois plus grand, et ainsi de suite.

On verrait encore que les espaces parcourus pendant des tems égaux et successifs, procéderaient comme les nombres impairs; ainsi considerons par exemple un mobile tombant librement en vertu de l'action de la pesanteur, appelons θ le tems nécessaire pour qu'il ait parcouru l'unité longueur en commençant à tomber. Désignons par λ la longueur qu'il aura parcourue en totalité pendant l'expérience ; et mesurée du point de départ, et nommons λ' la longueur qu'on obtiendrait en mesurant successivement les longueurs de chaque chute partielle et successive accomplie pendant le temps θ. On aurait alors, en appelant t le tems de l'expérience,

$$t = \theta, \ 2\theta, \ 3\theta, \ 4\theta, \ 5\theta, \ \text{etc.}$$
$$\lambda = 1, \ 4, \ 9, \ 16, \ 25, \ \text{etc.}$$
$$\lambda' = 1, \ 3, \ 5, \ 7, \ 9, \ \text{etc.}$$

272. Toute la science des forces consiste à se bien pénétrer de cette vérité que les forces *comme tout ce qui existe* ne peuvent être anéanties; ainsi, par exemple, s'il s'agit d'une force instantanée, appliquée à un mobile suivant une certaine direction, si cette force instantanée est susceptible de faire parcourir au mobile dans cette direction une certaine longueur par

seconde, rien au monde ne peut détruire cette action, elle subsistera donc indéfiniment sans la moindre altération.

Que si les faits démentent en apparence cette assertion qui est très véritable, c'est que l'intervention d'une multitude d'autres forces qui agissent en même tems que celle dont on veut observer l'effet, modifient le résultat final ; et de ce que ce résultat final dû au concours de plusieurs forces, n'est pas identique avec l'effet qu'on attend de la force que l'on éprouve, on aurait tort de conclure que cet effet n'est point produit dans toute son intégrité.

273. L'effet produit par une force donnée si rien ne vient le compliquer sera donc toujours indéfiniment tel que la nature de la force le comporte, mais comme cet effet consiste dans le déplacement d'une certaine masse, avec une certaine vîtesse et suivant une certaine direction, il pourra arriver et presque toujours il arrivera, que le mouvement sera modifié par les circonstances.

Ces circonstances sont de deux espèces.

1° L'augmentation ou la diminution de la masse qui reçoit et si l'on peut ainsi l'exprimer, *absorbe* l'action de la force.

2°. L'intervention d'autres forces qui viennent agir sur la masse en mouvement.

Dans le premier cas, si on a une force f susceptible d'imprimer une vitesse V à une masse m, et que par un moyen particulier quelconque cette force f vienne à se trouver appliquée à une autre masse M,

on pourra être assuré que si rien autre chose n'intervient, cette masse prendra immédiatement une vitesse v, telle que l'on ait

$$v = \frac{m\,V}{M}$$

Dans le second cas, si on a une force f susceptible
d'imprimer une vitesse v à une masse m, s'il arrive
qu'en même tems d'autres forces f', f'', f''', etc.,
susceptibles d'imprimer à cette même masse m des
vitesses v', v'', v''', etc., se trouvent appliquées à
la masse m dont on observe le mouvement, chacune
des forces exercera son action, produira son effet
absolument comme si elle agissait seule, et à chaque
instant que l'on voudra considérer, on peut être
assuré que la position de la masse m sera celle qu'elle
occuperait si au lieu de laisser agir simultanément
toutes les forces on n'abandonnait le mobile à leur
impulsion que successivement pendant le tems de
l'expérience pour chacune.

Il faut bien concevoir ici qu'il faudrait, par exemple, laisser agir la force f pendant une minute : alors
la masse m parcourerait une certaine longueur dans
une certaine direction, alors on l'arrêterait brusquement, puis on laisserait agir pendant une minute la
force f', qui ferait parcourir à son tour à la masse m
une certaine autre longueur sous une autre direction
particulière ; on l'arrêterait de nouveau pour le livrer
à l'impulsion de la force f'', puis à celle de la force
suivante, et ainsi de suite jusqu'à la dernière ; mais

alors la masse m serait justement arrivée et précisément placée là où elle serait venue par suite de l'action collective de toutes les forces qui auraient simultanément agi pendant une minute.

Nous le répétons, ceci est toute la mécanique, et
toutes les propositions de cette importante science
n'ont pas d'autre objet que d'appliquer le calcul à la
recherche des formules propres à faire connaître les
effets que peuvent produire les forces dans toutes les
circonstances qui peuvent les compliquer; et toutes
ces formules, toutes ces méthodes, toutes ces propositions, sont fondées sur ce principe, qu'une force ne
peut être anéantie, et que son effet *propre* est
inaltérable.

274. Quand plusieurs forces agissent en même
tems sur un même mobile, il peut exister une force
unique dont l'énergie et la direction soient telles, que
cette force puisse à elle seule produire le même effet
que celui qui résulte de l'action collective et simulta-
née de toutes les autres. Cette force unique, lorsqu'elle existe, s'appelle la résultante, et les forces
proposées se nomment les composantes.

On voit donc que lorsqu'on étudie un mouvement
produit par une force quelconque, si ce mouvement
parait s'altérer, se modifier, c'est qu'on ne tient pas
compte de certaines autres forces inaperçues qui
agissent à l'insçu de celui qui observe, et alors on
prend pour effet de la force proposée un effet qui
appartient à la résultante de cette force et de celles
qu'on a négligées.

13*.

275. Quand deux forces égales et directement opposées agissent sur le même mobile, pour avoir la
position de ce mobile au bout d'un tems quelconque t,
il faudrait l'abandonner à l'action de la première
force pendant ce tems t; il parcourerait une certaine
longueur; arrivé là, on devrait l'arrêter et le soumettre à l'action contraire de la seconde force, qui
le ramenerait au point de départ, et comme ce serait
la position qu'il devrait occuper au bout du tems
quelconque t, il suit qu'à quelque moment que l'on
considère un mobile sollicité par deux forces égales
et directement opposées, on le trouvera toujours im-
mobile et au même lieu : cet état de chose s'appelle
l'équilibre, mais il diffère du repos absolu qui est
l'état propre à la matière, quand rien d'extérieur
n'agit sur elle.

276. Quand deux forces P et Q sont appliquées au
même point et agissent inégalement dans des directions différentes, ces deux forces ont une résultante R,
et si l'on appelle α l'angle formé par les directions
des deux composantes P et Q, on aura

$$R = \sqrt{P^2 + Q^2 + \frac{2\,PQ\,cos.\,\alpha}{r}}$$

(r étant le rayon des tables).

On voit d'après cela que si l'angle α est droit, on
aura $cos.\,\alpha = 0$, et par conséquent

$$R = \sqrt{P^2 + Q^2}$$

Que si au contraire l'angle α est nul, c'est-à-dire

si les forces P et Q ont même direction, on aura $cos.$ $\alpha = r$ et

$$R = P + Q.$$

Ainsi dans ce dernier cas les deux forces composantes s'ajoutent.

277. La résultante de deux forces appliquées au même point est représentée pour sa direction et pour son énergie par la diagonale du parallellogramme dont les côtés représenteraient les directions et les énergies des composantes.

Quoique notre intention ne soit pas de donner des démonstrations, on peut s'assurer ici que ce que nous avançons est vrai; car si la force P appliquée au point A (*fig.*17) est capable d'amener ce point en B dans un tems quelconque t, et que la force Q puisse dans le même tems t amener le mobile en C, il est bien évident que si ces deux forces agissaient successivement, le mobile arriverait d'abord en B, puis il prendrait une direction BD parallèle à AC, et il arriverait en D; et comme ceci est vrai, quelque soit la petitesse ou la grandeur du tems t, il est visible que le mobile ne quittera pas la diagonale, et qu'il parcourra la ligne AR avec une vitesse AD pour un tems t.

278. On appelle moment d'une force, le produit qu'on obtient en multipliant cette force par la distance de la ligne droite, qui représente sa direction, à un point ou à une ligne droite, ou à un plan. Si on choisit un point, il s'appelle le centre des momens;

si c'est une ligne droite, elle se nomme l'axe des
momens; si c'est un plan, il s'appelle le plan des
momens.

279. Quand un certain nombre de forces appliquées
à un mobile ont une résultante, le moment de la résultante, par rapport à un point, à une droite ou à
un plan, est toujours égal à la somme des momens
des composantes, par rapport au point, à la droite
ou au plan choisi; seulement il ne faut pas perdre de
vue que le moment devient positif ou négatif en
changeant le sens suivant lequel la force tend à faire
tourner le mobile autour du point ou de la droite,
ou du plan choisi pour calculer les momens.

280. Lorsqu'on a une suite de forces parallèles,
leur résultante leur est parallèle, et pour en déterminer la position, il suffit de savoir trouver le résultante de deux forces parallèles seulement, car on
réduira d'abord les deux premières forces à une seule,
puis celle-ci avec la troisième donnera une nouvelle
résultante, et ainsi de suite.

La résultante de deux forces parallèles P et Q
étant désignée par R, on aura d'abord
$$R = P + Q,$$
ou bien $\qquad R = P - Q$
suivant que les forces agissent dans le même sens ou
en sens contraire; on adoptera donc le signe plus
pour une direction, et le signe moins pour l'autre.

Si maintenant on prend un point sur le plan des
deux forces pour centre des momens, on aura, en

appelant p, q et r, les distances des forces au centre des momens

$$r = \frac{P\,p + Q\,q}{R}$$

Ainsi on aura le nombre qui indiquera l'énergie de la force R, et on aura aussi la quantité r ou la distance de cette force au centre des momens, la direction étant d'ailleurs parallèle à celle des composantes, elle ne sera pas difficile à tracer.

281. La pesanteur agissant uniformément sur tous *les points matériels* d'un corps, on peut considérer ce corps comme sollicité par une infinité de forces verticales égales, et appliquées à chacun de ses points.

Le point d'application de la résultante de toutes ces forces s'appelle le centre de gravité du corps.

282. Le centre de gravité d'une ligne droite homogène, c'est à-dire présentant à tous ses points une même densité, est situé au milieu de cette ligne droite.

283. Le centre de gravité du contour d'un polygone régulier est au centre de ce polygone régulier (le centre d'un polygone régulier est le centre de la circonférence inscrite ou circonscrite ; ces trois points n'en font qu'un).

284. Le centre de gravité d'une circonférence est à son centre.

285. Le centre de gravité de la surface d'un parallellogramme est à l'intersection des diagonales de ce parallellogramme.

286. Le centre de gravité de la surface d'un triangle est au tiers de la droite, qui se rend du sommet au milieu de la base, mesurée à partir de cette base.

287. Le centre de gravité de la surface d'un polygone régulier est au centre de ce polygone.

288. Si on appelle B et b les deux bases parallèles d'un trapèze, m la droite qui réunit le milieu de ces bases, D la distance du centre de gravité du trapèze à la base B, mesurée sur la droite m, le centre de gravité sera sur cette droite m, et l'on aura :

$$D = \frac{\frac{m}{3}(2b+B)}{B+b}$$

289. Le centre de gravité d'un cercle est à son centre.

290. Le centre de gravité d'un prisme est au milieu de la droite qui réunit les centres de gravité de ses bases.

291. Le centre de gravité d'un cylindre est au milieu de son axe.

292. Le centre de gravité d'une pyramide est au quart de la droite qui part du sommet pour se rendre au centre de gravité de la base, cette distance étant mesurée à partir de la base.

293. Le centre de gravité d'un cône est au quart de son axe, à partir de la base.

294. Le centre de gravité d'une sphère est à son centre.

295. Nous avons dit (article 273) que l'effet produit par une force pouvait être modifié par deux
espèces de circonstances. La première de ces circonstances, que nous avons indiquée, est une cir-
constance matérielle.

On appelle machine, tout appareil ou toute combinaison d'objets matériels, liés entr'eux de quelque
manière que ce soit, et qui a pour but de modifier ou
transformer une quantité de mouvement quelconque.

La quantité de mouvement dont on dispose, et qu'il
s'agit de modifier, et qui est toujours représentée par
le produit d'une masse par une vitesse, s'appelle la
force motrice ou le moteur :

C'est le moteur qui met la machine en jeu.

La quantité de mouvement qu'on veut obtenir,
c'est-à-dire le nouveau produit dont les facteurs sont
les mesures d'une autre masse et d'une autre vitesse,
s'appelle l'effet total produit.

Si on retranche de cet effet total la somme des
produits qu'on obtiendrait en multipliant les masses
de chacune des parties de la machine, par les vitesses
qu'elles sont obligées de prendre elles-mêmes pour
transmettre le mouvement au point d'application
choisi, il ne restera plus que ce qu'on peut appeler
l'effet utile.

La différence entre l'effet total et l'effet utile, est
l'effet perdu.

L'effet perdu se compose lui-même de deux manières :

1°. Des quantités de mouvement apparent, et

qu'il est très-facile de calculer au moyen de la description de la machine, puisque cette description fait
connaître les masses de chacune de ses parties, et les
vitesses particulières qu'elles doivent prendre chacune en vertu de leurs liaisons.

2°. Des quantités de mouvemens latens, et qui
sont difficilement appréciables; on les désigne presque
toujours sans distinction par le mot frottemens :
cette perte tient à ce que les parties matérielles, qui
constituent les corps, ne sont point du tout à l'état
de repos absolu, mais bien à l'état d'équilibre. Si
donc en mettant en jeu une machine, vous agissez
sur un point matériel de manière à troubler son équilibre, les forces qui se balançaient, et dont l'effet
collectif demeurait inaperçu, vont maintenant mêler
leurs actions à celles que vous développez; et comme
il en résultera dans l'intérieur même du corps des
mouvemens dont les amplitudes sont d'un ordre trop
minime pour être sensibles, mais qui n'en sont pas
moins dûs à certaines forces, vous aurez à subir l'action de toutes les forces qui jusqu'alors en avaient
neutralisé les effets.

296. Dans le calcul de l'effet utile d'une machine,
on voit qu'il faut avoir égard aux masses des parties
dont elle est composée, à la nature des corps qui ont
servi à la construire, aux mouvemens latens qui
peuvent se développer en faisant fonctionner la machine, et ainsi de suite : la perfection d'une machine
consiste à rendre l'effet perdu le plus petit possible.
Nous raisonnerons donc dans l'hypothèse où il serait

tout-à-fait nul ; cette hypothèse est contre la nature des choses, mais aussi il faudra rectifier les résultats que nous allons présenter, en ayant toujours soin de faire la part des circonstances qui nuisent à la fidèle transmission du mouvement. Pour nous une machine sera censée recevoir un produit de certains facteurs, et sera tenue de rendre un produit équivalent formé par d'autres facteurs ; la pratique et les expériences feront connaître le tarif de l'espèce d'escompte retenu par la machine qui, quelque soit sa perfection, ne rend jamais la totalité des forces qui ont été employées à la mettre en feu.

297. Pour trouver l'effet total ou l'effet utile d'une machine, ce qui est maintenant pour nous la même chose, puisque nous admettons qu'il n'y aura point d'effet perdu, il faut concevoir deux forces, dont l'une appliquée au point où doit agir la force motrice, et dirigée comme cette force motrice, et l'autre appliquée au point où doit agir la force qui représente l'effet, mais sous une direction opposée.

Alors il y aura équilibre, si les forces ainsi disposées sont égales entr'elles.

Soit f la force appliquée et dirigée comme la force motrice ;

Soit f' la force appliquée comme la force qui représente l'effet, mais dirigée en sens contraire, on aura :

$$f = mV \quad \text{et} \quad f' = Mv,$$

et pour qu'il y ait équilibre, il faudra que

$$f = f \quad \text{ou que} \quad mV = Mv,$$

14.

ce qui donne

$$m = \frac{M\,v}{V}, \quad V = \frac{M\,v}{m}, \quad M = \frac{m\,V}{v}, \quad v = \frac{m\,V}{M}$$

ce qui donne encore la proportion géométrique

$$M : m :: V : v.$$

Et qu'on ne dise pas que dès-lors qu'il y a équilibre, et que par conséquent il y a immobilité, il n'y a plus de vitesse ; nous le disons et le répétons, c'est une erreur grave que de penser que rien de ce qui existe dans la nature puisse être anéanti ; et dans le cas qui nous occupe, la machine servant aussi bien d'intermédiaire à la force motrice qu'à la force qu'on a opposée à son effet, il y a réellement un double équilibre, savoir :

1°. Au point d'application de la force motrice, il y a une force $f = m\,V$. Cette force est inaltérable ; elle fait mouvoir la masse m de manière qu'elle parcourt une longueur V pendant l'unité tems : mais il y a aussi une seconde force $f' = M\,v = m\,V$ qui lui est directement opposée, et qui n'est autre chose que la force que nous avons opposée à l'effet de la force f au point d'application correspondant de la machine ; la force f a été transmise et doit donner pour effet cette force $f = m\,V$ contraire à la première, et dont nous parlons.

Cette seconde force est aussi inaltérable ; rien au monde ne peut l'empêcher de faire mouvoir la masse m avec une vitesse V en sens inverse de la première, et voilà pourquoi l'immobilité a lieu.

2°. L'autre équilibre consiste dans l'opposition de la force $f' = m\,V$, effet de la force motrice transmis par la machine intermédiaire à la force $f' = M\,v$, que nous avons directement appliquée en sens contraire.

298. Il semblerait, en s'en tenant à ce qui précède, que si nous nous élevons contre l'erreur qui tendrait à faire croire qu'une force est anéantie, nous admettons plus facilement qu'il s'en crée; car dans l'appareil disposé comme nous venons de l'indiquer, nous n'avons parlé que d'une force motrice $f = m\,V$; nous avons opposé à l'autre extrémité de la machine une force $f' = M\,v$ à l'effet produit par cette force motrice, et on voit que nous parlons d'un double équilibre existant aux deux points d'application extrêmes de la machine.

Cependant il n'y a aucune force crée, et il n'en demeure pas moins évident que le néant n'est doué d'aucune faculté, propriété, action ni pouvoir, et qu'il est aussi impossible de faire quelque chose avec rien, que de faire rien avec quelque chose.

Pour concevoir comment en effet il s'établit pourtant aux points d'applications extrêmes de la machine un double équilibre, il faut faire attention que cette machine, qui sert d'intermédiaire, est un corps, et que les corps sont composés de petites masses isolées et maintenues à certaines distances les unes des autres par des forces accélératrices qui varient avec ces distances, et qui se font équilibre, les unes tendant à les rapprocher, les autres à les séparer.

Cela posé, concevons d'abord deux de ces petites masses isolées seulement; puisqu'elles sont en équilibre, c'est une preuve que les énergies variables des forces accélératrices qui les sollicitent sont égales dans la position où elles se trouvent; mais si vous cherchez à les rapprocher, la force qui tend à les éloigner augmentera d'énergie plus que celle qui tend à les rapprocher, et les petites masses reviendront au point d'équilibre.

Réciproquement, si vous cherchiez à les éloigner, la force qui tend à les rapprocher diminuerait d'énergie moins que celle qui tend à les éloigner, et les petites masses reviendraient encore au point d'équilibre.

Considérons maintenant la plus simple de toutes les machines qu'on puisse choisir pour intermédiaire : ce sera une ligne droite AB (*fig.* 18.); appliquons à l'extrémité A une force f qui tendra à entraîner la première masse isolée de A en P; cette masse cédera à son impulsion, mais bientôt la force accélératrice qui tend à la rapprocher de sa voisine deviendra assez énergique, et la force f sera tenue en équilibre; pendant ce temps-là, la petite masse suivante subira un effet pareil; la force accélératrice qui tend à la rapprocher de la première augmentant avec la distance, elle se portera de son côté, et ainsi de suite, de proche en proche, jusqu'à la dernière petite masse située en B ; et si nous appliquons à celle-ci une force f égale à la première et agissant de B en P', il est évident qu'il y aura double équilibre, l'un en *a* entre la force f et la force accélératrice développée, l'autre en B entre l'autre force f et la force accélératrice développée. Si la ligne droite AB est homogène, c'est-à-dire si elle se compose d'une suite de petites masses égales et sollicitées par des forces accélératrices égales, toutes ces petites masses se trouveront un peu plus éloignées qu'elles ne l'étaient avant l'application des forces; toutes tendront à se rapprocher avec des énergies égales, et non-seulement nous aurons un double équilibre aux extrémités, mais il s'établira autant d'équilibres nouveaux qu'il en existait auparavant, et ces équilibres existeront entre les forces accélératrices précédentes avec des énergies modifiées, en raison des nouvelles distances respectives des petites masses.

Enfin on voit aussi que s'il arrivait que les forces f fussent assez énergiques pour pouvoir éloigner assez les petites masses les unes des autres pour que les forces accélératrices qui les retiennent ne pussent pas résister, il y aurait rupture quelque part, et chacune des forces f entraînerait de son côté la portion qui aurait cedé à son effet.

299. Nous venons de voir dans le précédent article que les machines n'augmentaient ni ne diminuaient la force motrice, et que l'effet total était précisément une force égale à cette force motrice; cependant les facteurs qui représentent les forces sont changés par la transmission, et comme le rapport des vitesses dépend de la disposition de la machine, toutes les modifications portent sur les masses.

14*.

A l'égard des machines, il faut bien se rendre compte de ce qu'on appelle puissance et résistance : ce ne sont pas les forces que nous avons appelées moteur et effet total produit, car alors la puissance et la résistance seraient des forces parfaitement égales pour toutes les machines possibles.

Représentons-nous donc une force f agissant en un point d'application déterminé par la nature d'une machine quelconque : cette force va produire le mouvement que comporte son énergie; ce mouvement va lui-même susciter dans toutes les parties de la machine intermédiaire une suite d'actions et de réactions, et finalement à l'autre extrémité de l'appareil un mouvement va s'opérer en vertu de la force que nous avons nommée effet total, laquelle force est égale à f.

Mais maintenant il faut absolument que le moteur f produise un mouvement représenté par le produit d'une masse par une vitesse, soit V la vitesse alors on aura

$$m = \frac{f}{V} = P$$

Cette vitesse V ne peut exister qu'autant que toutes les parties de la machine s'y prêtent conformément aux conditions de leurs liaisons, et alors l'extrémité de la machine est forcée de prendre une vitesse particulière v.

Et alors la masse ne peut pas manquer d'être

$$M = \frac{f}{v} = R$$

La quantité P est ce qu'on doit entendre par la puissance, et la quantité R est ce qui représente la résistance.

D'après cela, on voit que pour toutes les machines imaginables, la puissance est le double ou le triple, par exemple, de la résistance, si la machine est construite de manière que le point d'application du moteur parcoure un espace un, pendant que le point d'application extrême où se manifeste l'effet produit parcourt un espace deux ou trois.

300. On peut imaginer une foule innombrable de machines de toutes les espèces; celles que l'on appelle machines simples sont le levier, la *poulie fixe*, la *poulie mobile*, le *treuil*, le *plan incliné*, la *vis* et le *coin*.

On distingue trois espèces de leviers, savoir : le levier du premier genre, où le point d'appui est entre les points d'application du moteur et de l'effet produit, et comme la puissance est une partie du moteur, comme aussi la résistance est une partie de l'effet produit, on a l'habitude de considérer la puissance et la résistance comme deux forces appliquées aux mêmes points que celles dont elles font partie; nous dirons donc que dans le levier du premier genre le point d'appui est entre la puissance et la résistance.

Dans le levier du second genre, c'est la résistance qui est entre le point d'appui et la puissance, et enfin dans le levier du troisième genre, c'est la puissance qui est comprise entre le point d'appui et la résistance.

Si on appelle P et R la puissance et la résistance, p et r les bras de leviers mesurés entre la puissance et le point d'appui, et entre la résistance et le point d'appui, on aura toujours

$$P\,p = R\,r$$

et $P = \dfrac{R\,r}{p}$, $R = \dfrac{P\,p}{r}$, $p = \dfrac{R\,r}{P}$, $r = \dfrac{P\,p}{R}$.

Pour une poulie fixe, on a toujours

$$P = R.$$

Dans une poulie mobile, il y a un cordon qui soutient la poulie ; il est attaché à un point fixe à une de ses extrémités, et la puissance s'applique à l'autre extrémité.

La résistance est attachée à la chappe de la poulie.

Si on appelle P et R la puissance et la résistance, C la corde de l'arc enveloppé par le cordon qui soutient la poulie, et r le rayon de cette poulie, on aura

$$P\,C = R\,r,   P = \dfrac{R\,r}{C},   R = \dfrac{CP}{r},   C = \dfrac{R\,r}{P},$$

$$r = \dfrac{P\,C}{R}$$

Dans le treuil, la puissance s'applique à l'extrémité d'un levier ou d'une manivelle ; la résistance s'applique à l'extrémité d'une corde qui enveloppe le cylindre : si P est la puissance, R la résistance, r' le rayon du cylindre, et R' le rayon de la roue ou la longueur du levier ou de la manivelle, on aura

$$P R' = R r', \quad P = \frac{R r'}{R'}, \quad R = \frac{P R'}{r'},$$

$$R' = \frac{R r'}{P}, \quad r' = \frac{P R'}{R}.$$

Dans le plan incliné, la puissance et la résistance étant toujours désignés par P et R, si L est la longueur du plan incliné et h sa hauteur, on aura

$$P L = R h, \quad P = \frac{R h}{L}, \quad R = \frac{P L}{h},$$

$$L = \frac{R h}{P}, \quad h = \frac{P L}{R}.$$

A l'égard d'une vis, la puissance P étant appliquée à l'extrémité d'un levier agissant sur la tête de la vis, et la résistance R agissant perpendiculairement sur la tête elle-même, si on appelle h la hauteur du pas de vis, et l la longueur du levier, on aura en posant $2 \pi l = L$

$$P = \frac{R h}{L}, \quad R = \frac{L P}{h} \quad \text{et} \quad h = \frac{L P}{R}, \quad L = \frac{R h}{P}.$$

501. S'il s'agissait de toute autre machine, par exemple, d'une presse hydraulique, il suffirait d'étudier la machine pour voir les vitesses respectives du point d'application de la puissance et de la résistance, et si V est la vitesse du point d'application de la

puissance pendant que v est celle du point d'application de la résistance, on aura

$$P = \frac{R\,v}{V} \qquad \text{et} \qquad R = \frac{P\,V}{v}.$$

Pour l'exemple choisi, on remarquera que la puissance s'applique à l'extrémité d'un levier du second genre, et à chaque fois qu'elle lui fait décrire un arc α un petit cylindre rempli d'eau refoule son contenu dans un grand cylindre, et la résistance qui est appliquée sur un tampon appuyé sur le liquide renfermé dans le grand cylindre est déplacée de la quantité, dont le tampon s'élève.

Ainsi on aurait $V = \alpha$ et $v = h$, h étant la hauteur dont s'élève le tampon à chaque coup de piston.

En s'en tenant là, on aurait déjà

$$P = \frac{R\,h}{\alpha} \qquad \text{et} \qquad R = \frac{\alpha\,P}{h}.$$

Mais il serait facile de s'assurer que si R' est le rayon du grand cylindre, r' le rayon du petit cylindre qui sert de pompe foulante, L la longueur du levier mesurée du point d'application de la puissance au point d'appui, et l la longueur du levier compris entre le point d'appui et la tige du piston foulant, on aurait

$$\frac{h}{\alpha} = \frac{r'^2\,l}{R'^2\,L}$$

et par conséquent

$$P = \frac{R\,r'^2\,l}{R'^2\,L} \qquad \text{et} \qquad R = \frac{P\,R'^2\,L}{r'^2\,l}.$$

CHAPITRE V.

—

FORMULES DE COMPTABILITÉ.

302. Une adjudication pour travaux d'entretien a été tranchée à un entrepreneur, moyennant un rabais de r pour cent sur les prix du bordereau; on ouvre un crédit c qu'il faut dépenser dans l'exercice courant; il n'y a ni solde de retenue de garantie antérieure à payer, ni garantie nouvelle à exercer : il s'agit de faire un état d'indication des ouvrages que doit faire l'entrepreneur; cet état d'indication doit prescrire une dépense x telle qu'en faisant sur cette dépense un rabais de r pour cent, on retrouve le crédit alloué.

Dans ce cas, on aura

$$x = \frac{100\,c}{100 - r}$$

Exemple :

L'entrepreneur a fait 13 pour cent de rabais, le crédit ouvert est de 14633, 55.

Dans ce cas, $r = 13$ et $c = 14633, 55$.

Donc, $x = 16820, 17$.

Voici en effet le décompte qui en résulterait :

Total de la dépense prescrite,	16820, 17
A déduire le rabais de 13 pour cent,	2186, 62

Reste à payer conformément à l'allocation, 14633, 55

303. Une adjudication pour travaux d'art a été tranchée à un entrepreneur moyennant un rabais de r pour cent sur les prix du bordereau ; on ouvre un crédit c qu'il faut dépenser dans l'exercice courant ; on doit payer sur ce crédit un solde s d'une retenue faite dans l'exercice précédent. Les ouvrages sont sujets à une retenue de 10 pour cent de garantie.

Si on appelle x le montant brut de la dépense prescrite par l'état d'indication, on aura

$$x = \frac{1000\,(C-S)}{900 - 9\,r}.$$

Exemple :

L'entrepreneur a fait 17 pour 1/0 de rabais $r = 17$. Le crédit $c = 23652\,f.\ 27\ c.$

La retenue exercée l'an dernier, et qu'il faut payer sur le crédit actuel, est de 1248, 13, c'est-à-dire $s = 1248\,f.\ 13\ c.$

La formule donnera donc

$$x = 29992\,f.\ 15.$$

Et voici le décompte qui en résultera :

Total de la dépense prescrite,	29992, 15
A déduire le rabais de 17 pour 1/0,	5098, 66

Reste   24893, 49

Un dixième de retenue pour garantie à
    déduire,   2489, 35

                          Reste   22404, 14
Solde de la retenue de l'exercice précé-
    dent à porter en compte,   1248, 13

Total égal au crédit ouvert,   23652, 27

304. Soit P le prix du transport d'une masse m à une distance d, S la somme à payer pour disposer pendant l'unité tems d'une force capable de mouvoir une masse M avec une vitesse V, $\frac{1}{n}$ la partie de l'unité tems nécessaire pour charger et décharger, on aura

$$P = \left(\frac{2\,n\,d + v}{n\,v} \right) \frac{Sm}{M}.$$

Exemple : le transport se fait au moyen d'un tombereau attelé d'un cheval ; l'unité tems est la journée de travail qui est de dix heures : le cheval est supposé capable de parcourir 32,000 mètres en traînant un tombereau chargé de $\frac{1}{2}$ mètre cube de matériaux ordinaires, le mètre cube étant l'unité masse ; le prix de l'attelage et de son conducteur sera de 5 f. oo par jour ; la perte de tems pour charger et décharger sera de $\frac{1}{40}$ ou $\frac{1}{4}$ d'heure.

On aura d'après ces hypothèses :

$n = 40$ $V = 32000$ $S = 5.$ $M = 0.50$ et $m = 1.$

Si on veut calculer le prix du transport d'un mètre cube à une distance d, alors la formule deviendra

$$P = \frac{8\,d + 3200}{12800}.$$

Si c'est par entreprise que les transports s'effec-
tuent, il faudra ajouter au prix ci-dessus $\frac{1}{10}$ de bénéfice pour l'entrepreneur, et la formule à adopter serait

$$P = \frac{8.8\,d + 3520}{12800}.$$

Il conviendrait d'adopter celle-ci, qui en diffère
très-peu :

$$P = \frac{9\,d + 3600}{12800}$$

Autre exemple :

Le transport se fait au moyen d'une brouette;
l'ouvrier qui la conduit parcourera 16000 mètres; la
brouette contiendra $\frac{1}{27}$ de mètre cube; le salaire
du rouleur sera de 1 f. 50.

Il n'y aura point de perte de tems pour charger et
décharger.

Alors

$$\frac{1}{n} = 0 \quad \nu = 16000. \quad S = 1.50 \quad M = \frac{1}{27} \quad m = 1.$$

La formule qu'il conviendrait d'adopter, si le travail s'exécutait par entreprise, serait

$$P = \frac{9\,d}{1600}.$$

305. Si on voulait comparer deux moyens de transport dont l'un donnerait un prix de transport

$$P = \left(\frac{2\,n\,d + v}{n\,v} \right) \frac{S\,m}{M},$$

et l'autre un prix de transport P' tel qu'on aurait

$$P' = \left(\frac{2\,n'\,d + v'}{n'\,v'} \right) \frac{S'\,m'}{M'}.$$

Les quantités n' v' s' m' et M' représentant des quantités analogues à celles désignées par $n\,v\,s\,m$ et M, on trouverait

$$d' = \frac{v\,v'\,(s'\,m'\,n\,M - s\,m\,n'\,M')}{2\,n\,n'\,(s'\,m'\,v\,M - s\,m\,v'\,M')}.$$

Cette valeur de d représenterait la distance en-deçà de laquelle l'un des moyens de transport serait le plus économique, et au-delà de laquelle ce serait l'autre moyen de transport qu'il faudrait préférer.

En comparant les deux moyens de transport choisis pour exemple dans l'article précédent, on aurait

$$n = 40 \quad v = 32000 \quad S = 5 \quad M = 0.50 \quad m = 1$$

$$\frac{1}{n'} = 0 \quad v' = 16000 \quad S' = 1.50 \quad M' = \frac{1}{27} \quad m' = 1,$$

et on trouverait en substituant et réduisant :

$$d = 56,34.$$

306. Dans le second exemple choisi (art. 304) et dans la formule de comparaison des prix de transport de l'article précédent, nous sommes justement tombés sur deux applications où la réduction de la for-

mule en chiffre amène un des résultats $\frac{0}{0}$ ou $\frac{1}{0}$ qui peuvent se présenter quelquefois : nous allons en profiter pour indiquer ce qu'il faut faire quand d'autres circonstances analogues conduisent à de semblables résultats.

1°. Dans le second exemple de l'article 304, nous avions à faire

$$\frac{1}{n}=0 \quad v-16000 \quad S=1,50 \quad M=\frac{1}{27} \text{ et } m=1.$$

Dans la formule $P = \left(\dfrac{2\,n\,d + v}{n\,v} \right) \dfrac{S\,m}{M}$

faire $\dfrac{1}{n}=0$, c'est faire $n=$l'infini, et l'introduction de cette valeur de n dans la formule, conduirait à

$$P = \frac{0}{0}$$

Ceci tient à ce que, ainsi que nous l'avons dit (art. 98), la fraction qui représente P n'est pas réduite à sa plus simple expression; ainsi nous pourrions écrire

$$P = \frac{2\,n\,d}{n\,v} \times \frac{S\,m}{M} + \frac{v}{n\,v} \times \frac{S\,m}{M}$$

ou bien en réduisant

$$P = \frac{2\,d\,s\,m}{v\,M} + \frac{1}{n} \times \frac{S\,m}{M}$$

le terme $\dfrac{1}{n} \;\; \dfrac{s\,m}{M}$ devient zéro, puisque $\dfrac{1}{n}=0$, et il reste à faire la substitution des nombres dans l'équation simplifiée

$$P = \frac{2\,d\,s\,m}{v\,M}$$

Cette substitution conduirait à

$$P_{\text{a}} = \frac{81\,d}{16000}$$

ajoutant $\frac{1}{10}$ de bénéfice pour l'entrepreneur, on aurait

$$P = \frac{89,1\,d}{16000}$$

C'est pourquoi. nous avous dit qu'il convenait d'adopter la formule

$$P = \frac{9\,d}{1600}$$

2°. Dans la formule de l'article précédent, nous avions à faire

$$n = 40 \quad v = 32000 \quad S = 5 \quad M = 0,5 \quad m = 1$$

$$\frac{1}{n} = 0 \quad v' = 16000 \quad S' = 1,50 \quad M' = \frac{1}{27} \quad m' = 1$$

L'introduction de la valeur $\frac{1}{n} = 0$ ferait tomber sur une valeur $\frac{0}{0}$, mais l'équation

$$d = \frac{vv'\,(s'\,m'\,n\,M - S\,m\,n'\,M')}{2\,n\,n'\,(S'\,m'\,VM - s\,m\,V'\,M')}$$

15*.

peut être écrite ainsi qu'il suit :

$$d = \frac{vv's'm'M}{2n'(s'm'VM-smV'M')} - \frac{vv'smM}{2n(s'm'VM-smV'M')}$$

La première fraction devient zéro, parce que $\frac{1}{n} = o$,
reste donc à faire la substitution dans la seconde, et
l'on trouvera

$$d = 56, 34$$

ainsi que nous l'avions annoncé.

307. On veut ouvrir une communication d'un
point à un autre, une rivière traverse l'intervalle
pour le franchir, il faut établir un pont.

On peut le construire en pierres, en bois ou en fil
de fer : les ressources dont on peut disposer mettent
dans l'obligation de préférer le système le plus économique.

Dans ce cas, il faut faire le devis estimatif du pont
dans les trois systèmes; admettons que l'on trouve
que :

Le pont en pierres coûtera une somme S; il durera n années; son entretien annuel nécessitera une
dépense d.

Le pont en bois coûtera une somme S' ; il durera
n' années; son entretien annuel sera d'.

Le pont en fil de fer coûtera S'' ; il durera n'' années; son entretien annuel sera d''.

Le denier d'intérêt, qui est le nombre par lequel
il faut diviser un capital pour obtenir ce que ce capital
rapporte par an, sera désigné par r : alors on aura

$$x = rd + \frac{S\left(\frac{r+1}{r}\right)^{n}}{\left(\frac{r+1}{r}\right)^{n} - 1}$$

$$x' = rd' + \frac{S'\left(\frac{r+1}{r}\right)^{n'}}{\left(\frac{r+1}{r}\right)^{n'} - 1}$$

$$x'' = rd'' + \frac{S''\left(\frac{r+1}{r}\right)^{n''}}{\left(\frac{r+1}{r}\right)^{n''} - 1}.$$

Ces valeurs de x, x', x'', représentent les sacrifices à faire pour construire, entretenir et renouveler indéfiniment des ponts en pierres, en bois et en fil de fer, conformément aux dispositions des devis qu'on a rédigés.

Exemple :

Le pont en pierres coûterait 20,000 f. ; il durerait 300 ans ; il nécessiterait pour son entretien annuel une somme de 100 fr.

Le pont en bois coûterait 7000 f. ; il durerait 20 ans ; son entretien annuel reviendrait à 400 f.

Le pont en fil de fer coûterait 5000 f. ; il durerait 50 ans ; son entretien annuel reviendrait à 400 f.

Le denier d'intérêt serait le denier 20, ainsi on aurait

$$S = 20{,}000 \quad n = 300 \quad d = 100$$
$$r = 20 \quad S' = 7000 \quad n' = 20 \quad d' = 400$$
$$S'' = 5000 \quad n'' = 50 \quad d'' = 300$$

Alors on trouverait $x = 22,000$

$$x' = 19,242, 42$$

$$x'' = 11,499, 95$$

Il faudrait donc, si on raisonnait d'après les hypothèses que nous avons faites, préférer le pont en
fil de fer.

308. Une société d'actionnaires demande la con-
cession d'un projet quelconque ; elle se charge de
l'exécuter à ses frais, risques et périls, moyennant
que l'administration lui accordera pendant n années
le droit de percevoir un péage fixé par un certain tarif.

Nous admettons qu'on ait fait des expériences qui
donnent la connaissance des nombres de personnes
ou d'objets qui passeront pendant un an, et que le
droit de péage rapporte d'après cela une somme annuelle représentée par P ; r sera le denier d'intérêt
de l'argent ; S sera la somme à dépenser pour exécuter le projet : alors on aura

$$n = \frac{Log. \left(\frac{Pr}{Pr - S} \right)}{Log. \left(\frac{r+1}{r} \right)}$$

On aura aussi

$$P = \frac{S \left(\frac{r+1}{r} \right)^n}{r \left[\left(\frac{r+1}{r} \right)^n - 1 \right]}$$

Exemple :

L'entreprise consiste à faire un pont dans un endroit où se trouve un bac : on admet que les passages

ne seront ni plus ni moins fréquens après qu'avant la construcion ; le tarif du bac est maintenu : ler evenu annuel sera 10,000 f. , 00 c. ; le pont coûtera à construire selon le projet 61,443 f. 55 c.; le denier d'intérêt sera 10, parce qu'il s'agit d'une entreprise industrielle.

Il est évident qu'ici la première formule est celle qu'il faut employer , car il ne s'agit que de fixer la durée de la jouissance accordée aux actionnaires ; ou aura donc

$$n = \frac{Log. \left(\frac{10000 \times 10}{10000 \times 10 - 61443,55} \right)}{Log. \left(\frac{11}{10} \right)}$$

ou bien $n = \frac{Log. \ 10000 - Log. \ 38556,45}{Log. \ 11 - Log. \ 10}$

ou enfin $n = \frac{0, 41398}{0, 04139} = $ à très-peu près 10.

Il faudrait donc accorder le droit de péage aux actionnaires pendant 10 ans pour les désintéresser.

Autre exemple :

L'entreprise consiste toujours à faire un pont sur un point où se trouve un bac : on admet que les passages ne seront ni plus ni moins fréquens après la construction qu'auparavant; le droit de péage est accordé pendant dix ans ; la construction du pont coûtera suivant le projet 61,443 f. 55 c.

Le droit de péage actuel résulte d'un certain tarif

et le revenu actuel qu'il produit est représenté par un nombre connu P'.

Il s'agit de fixer un tarif qui porte le revenu annuel à un nombre P, au moyen duquel les actionnaires seront désintéressés au bout de dix ans, le denier d'intérêt étant dix.

Ici c'est la seconde formule qu'il faut employer, et l'on aura

$$P = \frac{61443,55 \left(\frac{11}{10}\right)^{10}}{10 \left[\left(\frac{11}{10}\right)^{10} - 1\right]}$$

$$P = \frac{61443,55 \times 2,59}{15,9}$$

ou enfin　　　　　$P = 10028,72$

Ainsi il faudrait s'arranger de manière à former un tarif au moyen duquel le revenu produit par le péage serait à très-peu près de dix mille francs par an ; or, le tarif actuel rapporte P' par an, donc il faut multiplier chacun des droits consignés sur le tarif par le nombre constant $\frac{P}{P'}$ ou $\frac{10000}{P'}$; il en résultera un nouveau tarif qui est celui qu'on pourra autoriser les actionnaires à mettre en usage pendant dix ans.

309. Une question conduit à ce qu'on appelle une règle de trois simple et directe, lorsque son énoncé comprend quatre quantités dont les deux premières, que l'on appelle quantités principales, sont connues et de même nature, et dont les deux dernières, dont

l'une seulement est connue, sont aussi entr'elles de même nature et s'appellent quantités relatives.

Il faut encore que les quantités relatives croissent et décroissent en même tems et dans le même rapport que l'on ferait croître et décroître les quantités principales, en se maintenant dans les conditions de la question.

Exemple :

Cinquante-deux ouvriers ont fait 125 mètres d'ouvrage dans un certain tems ; combien trente-cinq ouvriers feraient-ils de mètres d'ouvrage dans un même tems.

Ici les quantités principales sont 52 et 35, qui sont des nombres d'ouvriers : les quantités relatives sont 125 mètres d'ouvrage et un nombre inconnu de mètres d'ouvrage.

On voit donc déjà que l'énoncé de la question comporte quatre quantités ; les deux quantités principales sont entr'elles de même nature, et les deux quantités relatives sont aussi de même nature.

La règle de trois est simple et directe, car on voit bien que plus il y a d'ouvriers et plus il y aura d'ouvrage fait, et réciproquement moins il y aura d'ouvriers moins il y aura d'ouvrage fait ; s'il y avait le double, le triple, etc. d'ouvriers, il y aurait le double, le triple, etc. d'ouvrage fait ; s'il y avait le tiers, le quart d'ouvriers, il y aurait le tiers ou le quart d'ouvrage fait. Ainsi les quantités relatives croissent et décroissent en même tems et dans le même rap-

port que les quantités principales croissent et décroissent.

Pour résoudre cette question, et en général toutes
les règles de trois simples et directes, il suffit de
poser la proportion qui énonce en quelque sorte les
conditions de la question ; ici par exemple on écrirait

$$52 : 35 :: 125 : x$$

d'où $\qquad x = \dfrac{35 \times 125}{52} =$ à peu près 84^m, 13^c.

310. Une question conduit à ce qu'on appelle une
règle de trois simple et inverse, lorsque toutes les
définitions de l'article précédent étant conservées, on
s'aperçoit que si on faisait croître ou décroître les
quantités principales, les quantités relatives décroî-
traient et croîtraient dans le même rapport.

Exemple :

Cinquante-deux ouvriers ont fait un certain ouvrage en 125 jours ; combien faudra-t-il de jours pour
faire faire le même ouvrage par trente-cinq ouvriers.

Ici l'on voit bien que s'il y a le double ou le triple
d'ouvriers, il faudra la moitié ou le tiers de tems :
alors on écrirait

$$52 : 35 :: x : 125,$$

d'où $\qquad x = \dfrac{52 \times 125}{35} =$ à peu près 185, 74.

311. Une question conduit à ce qu'on appelle une
règle de trois composée ; lorsque son énoncé comporte plus de quatre quantités, que cependant ces

quantités sont de même nature deux à deux, que la
quantité qu'on cherche est elle-même de même nature que l'une des quantités données, et qu'enfin si
on considère deux quantités connues et de même
nature, et qu'on les fasse croître et décroître, les
quantités de même nature, dont l'une est inconnue,
croîtront ou décroîtront, ou bien ces quantités décroîtront et croîtront en même tems et dans les mêmes rapports que celles que l'on considère.

Dans ce cas, il faut d'abord écrire le rapport de la
quantité de même nature que celle qu'on cherche à
celle qu'on cherche ; puis on écrit les uns sous les
autres les rapports de toutes les quantités de même
nature, en ayant soin de renverser les rapports
lorsqu'ils donneraient lieu à une règle de trois inverse : cela fait, on multiplie tous les antécédens
entr'eux et tous les conséquens entr'eux. Les produits
qui en résultent forment les deux termes d'un premier rapport d'une proportion dont le second rapport est celui qu'on avait d'abord écrit.

Exemple :

Soixante ouvriers ont fait en 35 jours un déblais
de 21,000 mètres cubes en travaillant quinze heures
par jour : combien faudra-t-il d'ouvriers pour faire
en 42 jours 72,000 mètres cubes de déblais semblables en travaillant neuf heures par jour.

Nous devons, en faisant ce qui est dit plus haut ;
commencer par écrire le rapport $60 : x$ qui sera le
second rapport d'une proportion qui fera connaître x.

Le premier rapport de cette proportion s'obtiendra

16.

en écrivant les rapports de toutes les quantités de même nature, en disant : plus il y aura de journées de travail, moins il faudra d'ouvriers. Ainsi, au lieu d'écrire 35 : 42, on écrira 42 : 35. Plus il y aura de mètres cubes de déblais à faire, plus il faudra d'ouvriers; nous écrirons donc 21,000 : 72,000, plus on travaillera d'heures par jour, moins il faudra d'ouvriers, c'est donc 9 : 15, et non pas 15 : 9, qu'il faut écrire.

Disposant maintenant tous ces rapports comme nous l'avons indiqué, on aura

$$\left. \begin{array}{c} 42 : 35 \\ 21000 : 72000 \\ 7 : 15 \end{array} \right\} :: 60 : x$$

ou bien $7938000 : 37800000 :: 60 : x$

d'où $x = \dfrac{60 \times 37800000}{7938000}$

ou bien $x =$ à peu près 285, 71.

Ainsi il faudrait deux cent quatre-vingt-cinq ouvriers, plus, un ouvrier qui ne ferait que les 71 centièmes de l'ouvrage d'un ouvrier ordinaire.

312. Si on proposait de partager un nombre n en trois parties, par exemple, qui fussent entr'elles comme trois autres nombres a, b et c, il faudrait appeler x, y, z, les trois parties cherchées, et l'on écrirait

$$x = \frac{n\,a}{a + b + c}$$

$$y = \frac{n\,b}{a + b + c}$$

$$z = \frac{n\,c}{a+b+c}$$

Quelque soit le nombre des parties proportionnelles qu'on veuille obtenir dans un nombre donné, il faut toujours, pour avoir l'une d'elles, multiplier le nombre donné par le nombre correspondant, et diviser le produit par la somme de tous les nombres qui indiquent de quelle manière le nombre proposé doit être partagé.

Exemple :

S'il fallait partager 120 en trois parties qui fussent entre elles comme 1, 2 et 3, on aurait

$$n = 120, \quad a = 1, \quad b = 2, \quad c = 3,$$
$$x = 20, \quad y = 40, \quad z = 60.$$

Les questions qui conduisent à de semblables partages s'appellent des règles de société, car elles peuvent servir à partager le bénéfice resultant d'une entreprise dans le rapport des mises de fond de chacun des associés.

313. S'il fallait diviser 180 en trois parties, par exemple, telle que la seconde fût le double de la première, et que la troisième fût la moitié de la somme des deux premières, on commencerait par supposer que 2, par exemple, serait la première partie, alors 4 serait la seconde, et $\frac{4+2}{2}$ ou 3 serait la troisième.

Ensemble ces trois parties ne formant que 9, il est clair que la supposition qu'on a faite est fausse; mais cependant il est évident aussi qu'il ne s'agit plus que de partager le nombre proposé en trois parties qui soient entre elles comme les nombres 2, 4 et 3; on trouverait en calculant par le procédé de l'article précédent, en désignant par x, y et z les trois parties cherchées :

$$x = 40 \quad y = 80 \quad z = 60.$$

Toutes les questions analogues à l'exemple sur lequel nous venons de raisonner se traiteraient de la même manière : on les appelle règle de fausse position.

314. S'il fallait partager le nombre 160 en trois parties telles que la seconde surpassât de deux unités le double de la première, et que la troisième surpassât de six unités la somme des deux premières, on commencerait par supposer que 1 fut la première partie, alors 4 serait la seconde, et $1 + 4 + 6$ ou 11 serait la troisième.

Ensemble ces trois parties ne font que 16; ainsi la supposition faite est fausse.

Admettons alors que 2 soit la première partie, 6 sera evidemment la seconde, et 14 la troisième; ensemble les trois parties ne font que 22; cette seconde supposition est donc encore fausse, mais il est à remarquer qu'une unité d'augmentation sur la première partie donne une augmentation de 6 unités sur l'ensemble des trois parties; et comme pour obtenir 160 au lieu de 16 il aurait fallu produire une augmentation de 144 au lieu de 6, on peut poser la proportion

$$6 : 144 :: 1 : x$$

$$\text{d'où } x = \frac{144}{6} = 24$$

x représentant le nombre dont il aurait fallu augmenter la première partie pour avoir une augmentation de 144 sur le tout.

Ainsi les parties cherchées seraient :

la 1re. $= 25$,   la $2^{me} = 52$,   et la 3me. $= 83$.

Toutes les questions analogues à celles que nous
venons de traiter se résoudraient de la même manière;
on les appelle règles de double fausse position.

315. Si on avait à sa disposition deux espèces de
matières, par exemple ; que le prix de l'unité mesure
de l'une fût P, le prix de l'autre fût P', et qu'on
voulût, en les mélangeant convenablement, obtenir
m'' mesures à un prix P'' compris entre P et P', il
faudrait, en désignant par m le nombre de mesures
à prendre au prix P, et par m' le nombre de mesures
à prendre au prix P', écrire, en admettant que P fût
le plus grand prix :

$$m = \frac{m''\,(P'' - P')}{P - P'}$$

et

$$m' = \frac{m''\,(P - P'')}{P - P'}$$

Cette question conduit à ce qu'on appelle une règle
d'alliage.

316. Nous avons dit qu'on appelait denier d'intérêt

10*.

un nombre par lequel il fallait diviser un capital pour
obtenir ce que ce capital rapporterait par an.

D'après cela, si on plaçait une somme S pendant
un nombre n d'années, en l'abandonnant entièrement pendant tout ce tems sans rien réclamer à
l'emprunteur, on pourrait obtenir le nombre qui
représenterait ce que doit devenir le capital en faisant une fort longue opération qui consisterait à diviser S par le denier d'intérêt que nous appellerons r :

alors $S + \dfrac{S}{r}$ représenterait déjà ce que deviendrait

la somme S à la fin de la première année ; si on désigne par S' ce nouveau capital, il deviendrait par la

même raison $S' + \dfrac{S'}{r}$ au bout de la seconde année ;

désignant encore ce nouveau capital par S'', on

aurait $S'' + \dfrac{S''}{r}$ pour la somme qu'on posséderait

au bout de trois ans, et ainsi de suite.

On peut singulièrement abréger ces calculs, en
appelant x la valeur du capital S placé au denier r
pendant n années, car alors on aura

$$x = S \left(\frac{r+1}{r} \right)^{n}$$

317. Si on appelle n le nombre d'années pendant
lesquelles il faut abandonner une somme S placée au
denier r pour posséder k fois la somme S, on aura

$$n = \frac{Log.\,K}{Log.\,(r+1) - Log.\,r}$$

318. Si on voulait connaître à quel denier d'intérêt il faudrait placer une somme quelconque S, pour qu'au bout de n années cette somme S fût devenue k fois plus grande, il faudrait qu'on eût, en désignant par r ce denier d'intérêt :

$$r = \frac{1}{-1 + \sqrt[n]{K}}$$

319. Si on appelle x le capital qu'on posséderait si on plaçait tous les ans au denier r une même somme S pendant n années, on aurait

$$x = S(r+1)\left[\left(\frac{r+1}{r}\right)^n - 1\right]$$

320. Si on devait toucher une somme S dans un certain nombre d'années désigné par n, et qu'on voulût réaliser immédiatement ses fonds, le denier d'intérêt étant r, on ne posséderait qu'une somme x qui, placée au denier r pendant n années, deviendrait égale à S, et on trouverait

$$x = \frac{S}{\left(\frac{r+1}{r}\right)^n}$$

321. Si on voulait rembourser une somme S en n paiemens égaux effectués à la fin de n années consécutives, le denier d'intérêt étant r, on aurait, en appelant x la valeur d'un des paiemens annuels :

$$x = \frac{\left(\frac{r+1}{r}\right)^n S}{(r+1)\left[\left(\frac{r+1}{r}\right)^n - 1\right]}$$

322. Supposons que l'on considère un bois en coupe réglée, c'est-à-dire dont on ne coupe qu'une partie sur n chaque année; que ce bois soit estimé une somme S, et que la vente annuelle des coupes produisent une somme $\dfrac{S}{r}$. Si on appelle x la valeur de ce bois, en supposant qu'on viendrait de couper la superficie toute entière, on aura

$$x = \frac{nS}{r\left[\left(\frac{r+1}{r}\right)^n - 1\right]}$$

323. Nous avons fait connaître les avantages que présente le langage algébrique pour formuler et indiquer les calculs arithmétiques à faire pour obtenir les nombres qui expriment la mesure des divers objets qu'on peut avoir à étudier ou à comparer.

Nous avons indiqué les moyens de transformer en nombres les formules algébriques, telles qu'elles peuvent se présenter ordinairement, et l'on pourra, en les employant, se servir des formules qui, n'étant point consignées ici, se trouveraient dans les ouvrages de constructions que l'on est dans le cas de consulter.

Enfin, après avoir préalablement donné les détails nécessaires sur l'espace, les forces, etc., nous avons exposé les formules dont on peut avoir le plus souvent besoin dans la plupart des applications ordinaires.

Tout ce qui précède suffirait donc, à *la rigueur*, pour ne pas être embarrassé sur les choses usuelles; mais avant de terminer ce recueil de Notes, nous pensons qu'il peut encore être utile de donner quelqués renseignemens qui se rattachent plus directement et plus immédiatement à l'art des constructions.

Ces renseignemens porteront sur les matériaux dont on se sert dans les travaux publics ; sur certains détails de construction d'ouvrage d'art ; sur quelques questions qui se présentent dans le tracé des routes neuves , et enfin sur quelques autres questions diverses qui peuvent être soulevées par des intérêts privés ou par d'autres circonstances.

DEUXIÈME PARTIE.

CHAPITRE I.

DES MATÉRIAUX.

§ I.

DES PIERRES.

324. Nous distinguerons quatre classes de pierres, savoir : argileuses, calcaires, gypseuses, siliceuses ou composées.

Pour les reconnaître, on versera d'abord sur l'échantillon quelques gouttes d'acide hydrochlorique : s'il y a effervescence, c'est que la pierre est calcaire.

S'il n'y a pas effervescence, on frappera l'échantillon avec un briquet; s'il fait feu, c'est que la pierre est siliceuse ou composée.

Si l'acide ne fait pas effervescence, et que le briquet ne fasse pas feu, il faut pulvériser l'échantillon, mêler la poussière avec du noir de fumée, calciner fortement, retirer la matière, la laisser refroidir, se mettre au grand air, se placer de manière à avoir le dessus du vent par rapport à un vase d'eau contenant un peu d'acide hydrochlorique, et si en jetant la matière dans le vase il se dégage un gaz ayant une très-forte odeur d'œufs pourris, c'est que la pierre est gypseuse.

Enfin, si cette expérience ne réussit pas ainsi que les précédentes, que l'échantillon soit doux au toucher, formé de lames superposées susceptibles d'être séparées comme des feuillets, c'est que la pierre est argileuse.

325. Les pierres argileuses sont ordinairement de mauvaise qualité pour bâtir, l'ardoise, qui appartient à cette classe de pierre, et qui se lève par feuillets fort minces, n'est guère employée que pour couvrir.

326. Les meilleures pierres calcaires sont les marbres de diverses espèces : lorsque les carrières qui les fournissent sont voisines du lieu où l'on veut construire, elles peuvent procurer d'excellens moëllons au prix ordinaire.

Souvent on peut en tirer des pierres de taille, quand les frais de transport ne permettent pas d'en tirer parti comme marbre poli; c'est un avantage dont il faut profiter s'il n'en résulte pas une trop grande augmentation dans la dépense.

Les autres pierres calcaires, pour être bonnes, doivent offrir un grain fin homogène, une contexture compacte, uniforme et d'une densité égale; il importe beaucoup qu'elles n'absorbent pas l'humidité.

327. Parmi les pierres gypseuses, les plus utiles sont celles qui peuvent se convertir en plâtre par la cuisson : comme matériaux de construction, ces pierres n'offrent pas assez de résistance.

328. Les pierres siliceuses ou composées comprennent beaucoup d'espèces : les principales pour la construction sont le granit, le porphyre, le grès et la pierre meulière.

Le granit est dur ou tendre; le dur est excellent pour bâtir, le tendre est difficile à bien tailler, il ne conserve pas ses arrêtes; si on est obligé de l'employer, il faut éviter de le placer là où il serait exposé aux chocs ou aux frottemens.

Ainsi le granit tendre ne vaut rien pour soubassemens, marches d'escalier, jambages de portes, etc.

Le porphyre sert pour ornement; c'est une pierre rare et extrêmement dure.

Le grès peut aussi être dur ou tendre; le dur est très-bon pour pavage, peu avantageux comme moëllon parce qu'il prend mal le mortier, très bon comme pierre de taille, l'eau, l'air et la gelée ne l'altérant pas. Le tendre ne peut guère servir qu'à aiguiser des outils.

La pierre meulière avec laquelle on fait des meules de moulins, donne, quand on peut l'appliquer à cet usage, un excellent moëllon.

329. Pour une carrière depuis long-temps exploi-

17.

tée, on peut voir par les édifices où elle a été employée comment les pierres se comportent ; pour une nouvelle exploitation, il faut être très-circonspect et s'assurer par des essais que la pierre ne s'altérera pas ; ainsi on exposera des blocs à l'air, à l'eau, à la gelée, au feu même.

330. La pierre gelisse est celle qui ne résiste pas à la gelée ; elle absorbe l'humidité, celle-ci se loge dans les petites cavités, et le froid la faisant gonfler, la pierre éclate ; il en résulte que sa surface devient pulvérulente ou qu'il se détache des écailles : ces pierres-là ne valent rien du tout pour bâtir.

331. En faisant bouillir une dissolution de sulfate de soude saturée à froid et plongeant un morceau de pierre gelisse dans le liquide, elle en absorbera une certaine quantité, puis l'évaporation fera cristalliser le sel dans les pores de la pierre ; cette cristallisation produira les mêmes effets que la congellation de l'eau ; c'est un moyen de faire de suite l'épreuve qu'on ne pourrait faire qu'en hiver. Si la pierre résiste, on peut répéter 3 ou 4 fois l'expérience, et si elle sort intacte de là, la pierre n'est certainement pas gelisse ; si elle ne résiste pas, la pierre pourrait encore être bonne, mais il faudrait l'éprouver par le froid (On suspend l'échantillon au-dessus du vase à chaque fois qu'on le retire du bain, afin que s'il se détache quelques fragments on puisse les recueillir).

332. Parmi les pierres d'une même classe, celles qui ont le grain le plus fin, la contexture la plus compacte, la couleur la plus foncée, sont celles qui peuvent supporter les plus grandes charges.

333. Les charges que peuvent supporter les pierres de même espèce sont à peu près proportionnelles aux cubes des nombres qui représentent leurs densités.

Il est plus facile d'écraser plusieurs pierres superposées que d'écraser un seul bloc de même forme, de même dimension et de même nature que l'ensemble.

Les charges que peuvent supporter des pierres de même espèce et de même hauteur sont proportionnelles aux surfaces de leurs bases, si ces bases sont des figures semblables.

Les charges que peuvent supporter les pierres de même espèce, de même hauteur et de bases équivalentes en surface, sont proportionnelles aux nombres 703, 806 et 917, quand les figures de ces bases sont rectangulaires, carrées ou circulaires.

334. Il ne faut jamais charger les appuis d'un édifice d'un poids plus grand que la moitié de celui qu'ils peuvent supporter; il faut, autant que possible, demeurer au-dessous de cette limite.

Il faut bien choisir la pierre de taille et préférer les appareils de forts échantillons autant qu'on le peut.

335. Quand on extrait une pierre d'une carrière, elle appartient à un banc de rocher qui présente ordinairement des couches apparentes; il est important de marquer sur la pierre qu'on enlève ordinairement sous la forme d'un parallélipipède, les faces parallèles à la couche, et qu'on appelle lits de carrière.

Quand on place une pierre dans une construction, il faut que la pression qu'elle est destinée à supporter s'exerce perpendiculairement à son lit de carrière; si on la plaçait dans un autre sens, elle serait ce qu'on appelle posée en délit, ce qui est une très-grande faute.

§ II.

DE LA BRIQUE.

336. La brique est une espèce de pierre artificielle faite avec de l'argile pure ou mélangée, et qui a subi un certain degré de cuisson.

On donne aux briques une forme rectangulaire; la longueur est double de la largeur, et la largeur est double de la hauteur.

On en fait de grandes et de petites : les grandes ont à peu près 0^m. 33 de longueur, les petites n'ont qu'environ 0^m. 22.

337. Il importe de bien pétrir la matière avant de la mouler, l'homogénéité est essentielle : lorsque l'argile n'a pas de liant et la ductilité nécessaire, on l'amène au point convenable par divers mélanges et additions de sable que l'expérience et des essais font connaître pour chaque localité.

Il faut extraire l'argile en novembre, la laisser exposée à l'air pendant tout l'hiver, et l'employer au printems.

Il faut surtout éviter soigneusement les substances pierreuses ou piriteuses qui se vitrifieraient par la cuisson.

On doit corroyer la terre avec grand soin, car en comparant deux briques, l'une faite avec une pâte parfaitement corroyée et l'autre fabriquée comme à l'ordinaire, on trouve que la densité de la brique bien corroyée est à la densité de celle qui ne l'est que médiocrement comme 86 : 82.

338. Deux briques dont les densités sont entr'elles comme 86 : 82, et qui ont été préparées avec la même terre, supportent sans se rompre des charges qui sont entr'elles comme 130 : 70. Ainsi la résistance de ces matériaux croît avec la densité, et cette propriété, qui est analogue à celle des pierres, que nous avons signalée (art. 333), subsiste seulement d'après une autre loi.

339. La qualité de la brique dépend de la nature de la matière première, des soins qu'on a pris pour la corroyer, de ceux apportés dans la cuisson.

Il faut éviter d'employer trop d'eau pour délayer la terre, il n'en faut jamais plus de la moitié du volume de la terre à préparer.

On fait d'abord sécher à l'ombre, puis on porte au four, on chauffe modéremment pendant 24 heures, puis on chauffe davantage pendant 36 heures, et enfin après 60 heures de feu on augmente au plus haut degré jusqu'à cuisson parfaite, mais tout consiste à répartir uniformément la chaleur.

La brique est bonne quand elle rend un son clair par la percussion, quand le grain est fin et serré dans la cassure, et quand elle résiste au froid et à l'humidité.

On peut s'en servir avec avantage pour les cons-

17*.

tructions hydrauliques; on l'emploie pour faire des tuyaux, des languettes de cheminées, des foyers de fournaux; elle est surtout précieuse pour les voûtes légères, les cloisons, etc.

340. On peut encore préparer des briques en les frappant au balancier; il en résulte une compression qui donne beaucoup de qualité à la brique.

341. Enfin on en fait aussi avec une sorte d'argile qu'on appelle farine fossile : celles-là sont plus légères que l'eau; elles sont tout-à-fait réfractaire et si mauvais conducteur du calorique, qu'on peut y enfermer de la poudre et l'entourer de feu sans qu'il y ait détonation.

§ III.

DE LA CHAUX.

342. La chaux est le produit de la calcination de certaines pierres calcaires : les marbres, la craie, l'albâtre, les pierres coquillières sont bonnes pour faire de la chaux.

Le four où l'on fait cuire de la chaux doit être circulaire à la base et ovale en coupe. La cuisson est complète quand il s'élève au-dessus du four à chaux un cône de feu sans mélange de fumée; pour s'en assurer mieux, on retire un fragment, on le plonge un instant dans l'eau et on l'enlève brusquement : alors si la cuisson est parfaite, le fragment doit s'échauffer, se déliter promptement et se réduire en poudre.

343. La chaux grasse est celle qui foisonne beaucoup; on la distingue de la chaux maigre parce que celle-ci foisonne beaucoup moins, et qu'à quantité égale de chaux et de sable, elle produit un mortier moins gras. Le caractère le plus tranché consiste en ce que la chaux maigre durcit promptement sous l'eau, ce qui n'a pas lieu avec la chaux grasse.

La chaux attire fortement l'humidité de l'air : alors elle se délite et augmente de volume.

344. Pour faire de la chaux maigre avec de la chaux grasse, il faut l'éteindre avec un peu d'eau, la pétrir avec de la terre à brique, en faire des boules, les laisser sécher et les faire cuire.

On a soin de faire pour essai une douzaine de boules où l'on proportionne la terre à brique et la chaux en mettant depuis 6 pour cent jusqu'à 20 pour cent d'argile. Après la cuisson on voit quelle est la boule qui donne la matière la plus convenable pour l'objet qu'on se propose, et l'on conserve les mêmes proportions. Dans une pareille préparation il importe d'être très-attentif et de bien ménager le feu.

§ IV.

DU SABLE.

345. Le sable est composé d'un grand nombre de petites pierres.

Le sable dont les grains sont grossiers, anguleux, irréguliers, se nomme gravier.

Celui dont les grains sont plus petits et plus réguliers se nomme arène; et si enfin les parties sont tout-à-fait tenues, on l'appelle sablon.

Les sables argileux, calcaires, siliceux, sont ceux dont les grains sont des fragmens de pierres argileuses, calcaires ou siliceuses.

Les sables de mine sont ceux qu'on exploite dans les carrières qui sont de gros bans de sable enfouis dans les terres.

Les sables de rivière sont ceux qu'on trouve au fond des fleuves, des rivières ou de la mer.

Quand on a un mélange de gravier, d'arène et de sablon, on peut opérer la séparation au moyen de claies dont les mailles ont des dimensions convenables.

§ V.

DU CIMENT.

346. On appelle ciment une poussière fine qu'on obtient en pilant et tamisant de l'argile bien cuite provenant de débris de tuileaux ou de poterie.

Les gazètes, qui sont des enveloppes d'argile dans lesquelles on fait cuire la faïence, sont excellentes pour faire du ciment.

La brique, surtout quand elle est mal cuite, ne vaut rien; il faudrait, pour donner de la qualité au ciment, le faire chauffer fortement dans un four à réverbère.

Il importe de piler et de tamiser avec soin.

§ VI.

DÉ LA POUZZOLANE.

347. La pouzzolane est un produit volcanique; elle provient des débris de laves poreuses ou dures, telles que les bazaltes.

La pouzzolane varie de couleur; elle peut être blanche, noire, jaune, grise, brune, rouge ou violette. La pouzzolane de Rome est d'un rouge brun mêlé de particules brillantes comme du métal : elle prend consistance dans l'eau en 24 heures sans être mélangée avec aucune autre substance.

348. On fait une espèce de pouzzolane en calcinant la basalte et la pulvérisant; on aurait quelque chose d'analogue en calcinant une certaine espèce de schiste noir.

La pouzzolane vient d'Italie; on en trouve aussi dans le revers sud des montagnes de l'Auvergne, entre Chaudes-Aigues et la Guiolle.

On en trouve encore dans les environs d'Andernack; les Hollandais exploitent une substance volcanique connue sous le nom de moëllons d'Andernack, et ils la vendent sous le nom de trass.

Toutes ces pouzzolanes sont très-bonnes pour les constructions sous l'eau.

§ VII.

DES CIMENS ROMAINS OU PLATRES CIMENS.

349. Il existe maintenant sur plusieurs points des exploitations qui fournissent des substances qu'on désigne vulgairement et improprement sous le nom de cimens romains ou de plâtre-ciment.

On les obtient en calcinant certaines pierres silicéo-calcaires plus ou moins analogues à celles de Boulogne-sur-Mer.

Le résultat de cette calcination donne, après la pulvérisation, une poudre qui a la propriété de former à elle seule un excellent mortier qui durcit promptement sous l'eau.

On peut former avec cette matière des tuyaux de conduite, des auges, des bassins, des citernes, des enduits sur les murs humides, etc.

Les variations de température des climats ordinaires n'ont point d'action sur ces mortiers, leur dureté s'augmente par un long séjour dans l'eau.

§ VIII.

DES MORTIERS.

350. On appelle mortier un mélange de chaux avec du sable, du ciment ou de la pouzzolane.

Le bon mortier est celui qui adhère fortement aux pierres ou à la brique, et qui fait corps avec elles.

C'est une erreur que de croire que les Romains avaient pour faire leur mortier un secret qui s'est perdu : ils mélangeaient de la chaux avec du sable, du ciment ou de la pouzzolane comme on le fait aujourd'hui.

Mais le mortier augmente singulièrement en qualité avec le tems si on proportionne bien les matières et si on les manipule comme il faut.

Ce qui reste debout aujourd'hui parmi les constructions romaines, ce sont quelques monumens publics, et par conséquent ce sont des ouvrages pour lesquels on n'avait rien négligé, ni dans le choix des matières, ni dans le soin pour les préparer et disposer ; et comme le bon mortier gagne beaucoup avec le tems, il arrive que pour juger le mortier romain nous n'avons que leurs meilleures constructions sur lesquelles des siècles ont exercé leur influence.

351. Pour faire de bon mortier, il faut d'abord considérer quel est l'usage qu'on en veut faire.

Si c'est pour de grosses maçonneries, il faut un sable graveleux : si c'est pour poser de la pierre de taille, il faut du sable fin ou du ciment passé au tamis; si c'est pour couler ou ficher les pierres, il faut un mortier fluide et par conséquent délayé dans une suffisante quantité d'eau.

Si c'est pour construire sous l'eau, il faut de la chaux maigre et de bon ciment ou de la pouzzolane.

Ainsi la première chose à considérer c'est la fin qu'on se propose.

352. Une fois fixé sur l'usage qu'on veut faire du mortier, il ne s'agit que de le préparer le mieux possible, et pour cela il faut avoir fait des essais préalables : ils peuvent seuls apprendre quelles sont les proportions à adopter.

D'après cela, en arrivant dans une localité où on prétend faire des constructions, il faut d'abord se procurer les chaux, les sables, les cimens et les pouzzolanes qu'on y trouve; on fera des essais en variant les proportions des mélanges.

On peut commencer par prendre une partie de chaux contre deux de sable, puis augmenter la dose de chaux par dixième, par exemple, et s'arrêter aux proportions qui fournissent le résultat le plus avantageux.

353. Il convient de se servir de chaux vive : on place le sable ou le ciment circulairement sur le sol ; on laisse un espace vide au milieu, on y dépose la chaux, on l'humecte assez, mais seulement assez pour l'éteindre, on se hâte de la recouvrir avec le sable qui est autour, et on opère le mélange à force de bras, sans addition d'eau, car avec de la persévérance on ne doit pas en avoir besoin ; le mélange devient en effet moins compacte à mesure qu'on le manipule davantage ; mais il faut pour cela de larges rabots de fer, et ne pas craindre de prendre de la peine.

Le mélange n'est complet que quand la pâte devient homogène, et qu'on ne distingue plus ni sable ni chaux séparément ; sans cela on a un mortier grenu, friable, qui tombe en écailles ou en fragmens dès qu'il est sec et que les impressions atmosphériques ont agi sur lui.

354. Il ne faut préparer son mortier qu'à mesure des besoins ; si on en diffère l'emploi, l'ouvrier mettra de l'eau pour gâcher de nouveau, et alors autant vaudrait employer de la boue.

C'est une bonne chose de battre et de comprimer le mortier en le fabriquant.

Moins les pierres sont dures et plus le mortier y adhère fortement.

Les briques et la pierre meûlière sont les matériaux qui font le mieux corps avec le mortier.

Plus les pierres sont polies et moins l'adhérence est grande.

Quand des pierres, et à plus forte raison des briques, sont réunies par du mortier, au bout d'un tems suffisant l'adhérence du mortier est plus forte que la propre cohésion, et si on cherche à les séparer, en supposant que les pierres ne se brisent pas, la fracture s'opère au milieu du joint.

§ IX.

DU BETON.

358. Le beton est un mortier ordinairement formé de chaux maigre, de sable, de pouzzolane ou de ciment, et de recoupes de pierres qu'on ajoute à mesure qu'on forme le mélange.

Sur cent parties, le beton peut être composé de la manière suivante :

Pouzzolane ou bon ciment,	30
Gros gravier,	15
Chaux maigre vive,	25
Blocaille ou recoupes de pierres,	30
Total,	100

18.

Pour faire le beton, on commencera par mélanger la pouzzolane avec de la chaux, comme si on voulait faire du mortier (art. 353); on mêle le gravier ensuite, après cela on ajoute les blocailles, et à chaque fois on brasse le tout avec des rabots et des pelles en fer, fort et long-temps.

356. Il ne faut mettre d'eau qu'en commençant, et seulement ce qui est nécessaire pour éteindre la chaux; c'est une grande faute que d'en ajouter pendant la manipulation.

On laisse reposer pendant huit ou dix heures le beton ainsi préparé, on le mêle de nouveau avant son emploi.

357. Les proportions que nous venons d'indiquer réussissent bien ordinairement, mais comme tout dépend des qualités des matières, il faut toujours au préalable faire des essais; ainsi les proportions peuvent servir de point de départ; on les variera graduellement et l'on comparera les résultats pour adopter les rapports qui auront produit les meilleurs effets.

§ X.

DU PLATRE.

358. Le plâtre est le résultat de la calcination de certaines pierres gypseuses : le bon plâtre exige une cuisson convenable; s'il est trop ou trop peu calciné, la qualité en est mauvaise.

On fait cuire le plâtre à peu près comme la chaux; le feu doit être moins fort, modéré en commençant, plus actif sur la fin, et l'opération ne demande guère que 24 heures.

Lorsqu'il est assez cuit on le reconnaît en en gâchant une petite quantité; il faut alors qu'il soit onctueux et qu'il s'attache aux doigts.

On doit employer le plâtre immédiatement après la cuisson, pour cela il faut le tamiser et le pulvériser avec soin.

Il faut à peu près autant d'eau que de plâtre pour les ouvrages ordinaires, pour sécher on en met moins, pour enduire on en met davantage.

359. Un mélange de chaux et de plâtre forme ce qu'on appelle du mortier bâtard; au bout de dix-huit mois ce mortier devient plus dur que le mortier ordinaire.

360. L'adhésion du plâtre aux pierres et à la brique est toujours moindre que la force de cohésion du plâtre lui-même; c'est le contraire de ce que nous avons remarqué pour les mortiers.

361. Le plâtre ne prend point de dureté en vieillissant, au contraire, il perd sous ce rapport, et s'il est exposé à l'humidité il finit par se dégrader.

362. Le plâtre gâché augmente de volume en se solidifiant; c'est le contraire encore pour les mortiers; il faut avoir égard à cette propriété du plâtre, car cette dilatation produit une force énorme et exerce une poussée capable de déverser de gros murs.

CHAPITRE II.

MAÇONNERIE.

---

363. On entend par maçonnerie une masse de construction en pierres de taille, en moëllons ou en briques, unis ensemble par le moyen du mortier ou du plâtre.

D'après cela, on distingue deux espèces principales de maçonnerie, savoir : la maçonnerie d'appareil et la maçonnerie de moëllons.

§ I.

MAÇONNERIE D'APPAREIL.

364. Quand une pierre occupe à elle seule l'épaisseur d'un mur, on dit qu'elle forme parpaing; quand le mur est trop épais pour qu'on puisse le bâtir en parpaings, on le construit par carreaux et boutisses : on emploie pour cela des pierres qui ont la figure de parallélipipèdes rectangles ; on les rend égaux autant que faire se peut.

365. La hauteur de ces parallélipipèdes étant un,

il convient que la largeur soit deux et la longueur
trois.

Alors on les dispose de manière que leur hauteur soit verticale : c'est cette hauteur qui forme celle
de l'assise.

On les place les unes à côté des autres en les tournant de manière à présenter alternativement leur
largeur et leur longueur au parement : toutes les
pierres qui présentent leur largeur au parement, et
dont par conséquent la dimension en longueur s'applique dans l'épaisseur du mur, s'appellent boutisses.
Toutes les pierres qui présentent leur longueur au
parement, et dont la dimension en largeur s'applique
dans l'épaisseur du mur, s'appellent carreaux.

366. La surface totale du lit supérieur ou inférieur
d'une assise divisée par la longueur de cette assise
s'appelle l'appareil réduit.

367. Lorsqu'on pose une assise sur une autre, il
faut s'arranger de manière que les joints verticaux ne se correspondent pas d'une assise à la suivante ; il faut les croiser : il résulte de ces dispositions
que la maçonnerie, vue par derrière, présenterait
une surface dentelée qui se lie parfaitement avec une
maçonnerie de moëllons qui complète l'épaisseur que
l'on veut donner au mur.

368. Il faut éviter de s'écarter beaucoup des dimensions que nous venons d'assigner aux carreaux et
boutisses, on peut bien se permettre quelque tolé-
rance, mais si par exemple on admettait un carreau

qui pour une hauteur un aurait une longueur six; il arriverait presque toujours qu'après la pose ce carreau se fendrait, et la fissure formerait un joint vertical qui très-probablement correspondrait à ceux des deux assises inférieures et supérieures, et c'est un très-grand vice de construction.

Pour les hauteurs, elles doivent être rigoureusement égales pour toutes les assises en général, mais surtout pour une même assise.

Lorsqu'il s'agit de pierres de couronnement d'un grand ouvrage, et qu'elles font parpaing, on peut admettre de très-longues pierres sans inconvénient.

369. Les pierres de taille doivent toujours être posées à bain de mortier et jamais sur calles; on doit en faire une condition expresse de l'entreprise et y tenir la main.

En posant sur calles, on opère plus vite, plus commodément, les joints ont bonne apparence, mais la pierre ne porte que sur les calles; on a beau injecter du mortier pour remplir le vide, nous savons (art. 362) que par la dessication ce mortier éprouve un retrait; par conséquent la pierre finira par porter à faux, et elle éclatera si elle subit une grande pression.

370. Avant de poser une pierre à bain de mortier, on dérase le lit supérieur de l'assise sur laquelle cette pierre doit être placée; on l'établit de niveau suivant le plan de l'assise, on présente le bloc en place, on examine au moyen du plomb, de l'équerre et du niveau de poseur si les lits sont bien dressés d'équerre

au parement, s'il s'agit d'un mur droit, ou suivant l'angle d'inclinaison, si c'est un mur en talus.

On vérifie si les lits sont bien dégauchis, si les joints verticaux ou inclinés sont bien placés : ce n'est qu'après avoir reconnu que la pierre est taillée de manière à obtenir une juxtà-position parfaite avec les blocs voisins qu'on procède à la poser en place et à demeure sur le lit de mortier qui doit la recevoir.

371. Si pour faire joindre parfaitement les lits inférieurs et les faces de joint il fallait poser la pierre en saillie sur le nu du mur, il ne faudrait pas hésiter à sacrifier la taille du parement ; on tracerait alors sur le lit supérieur de l'assise une ligne passant par le plan du parement du mur pour indiquer la position du nouveau parement que l'on taillerait en place après la pose.

372. La pierre ayant été présentée, on la relève, on nettoie et l'on mouille le lit de l'assise inférieure, on y étend une couche bien égale de mortier de ciment fin sur une épaisseur de 0, 015 ; on garnit aussi d'une couche de mortier le joint vertical du bloc voisin ; alors on met la pierre en place, on la serre en joint, on vérifie soigneusement sa position à la règle, à l'équerre et au niveau, puis on la frappe avec un mail de bois jusqu'à ce que le mortier superflu soit sorti en refluant par les joints sous l'effort de la pression.

373. Il ne faut jamais chercher à lier les pierres entre elles au moyen d'espèces de tenons et de mor-

taises, qui sont toujours difficiles à tailler, qui perdent de la pierre, qui empêchent de poser avec précision et qui ne servent à rien.

374. Quand pourtant on construit une maçonnerie de pierres de taille et qu'on sait qu'elle sera tourmentée, soit par le roulis de la mer, soit par de puissantes poussées, on peut chercher à lier les pierres entre elles de manière qu'elles ne puissent être déplacées les unes sans les autres.

Pour cela, on emploie de larges bandes de fer nommées ancres; on les encastre sur le lit supérieur d'une assise dans tout son développement; chacun des blocs qui composent l'assise est percé d'un trou vertical qui correspond à celui qui est préparé dans l'ancre et qui se prolonge à travers une ou deux assises inférieures : alors au moyen d'un fort boulon, on traverse et on lie le tout ensemble, puis on emploie pour sceller les bandes et les boulons du plomb, du soufre, de la limaille de fer oxidée par le vinaigre, ou bien du mortier de ciment : le plomb est le moyen le plus cher, mais aussi il réussit très-bien.

375. On appelle libages, des pierres de taille de médiocre qualité, qu'on emploie n'ayant reçu que l'ébauche de carrière. On fait de la maçonnerie de libages comme de la maçonnerie de pierres de taille; on les pose à bain de mortier, mais il en faut davantage pour remplir les joints et les vides, et il faut frapper avec une lourde masse pour faire prendre une bonne assiette : cette maçonnerie remplace celle

de pierres de taille dans les fondations et dans les ouvrages sous l'eau.

§ II.

MAÇONNERIE DE MOELLONS.

376. La maçonnerie de moëllons piqués est une
véritable maçonnerie de pierres de taille, avec la
seule différence que les dimensions sont à peu près
deux fois moindres.

On pose les moëllons piqués à bain de mortier par
carreaux et boutisses; le parement reste à découvert
sans enduit; les moëllons qui forment parement sont
bien écarris, proprement taillés à la tranche, les lits
et joints sont bien dressés d'équerre au parement,
les assises ont toutes la même hauteur; la pose sur
calles est un procédé détestable, et rien ici n'en pourrait justifier l'emploi, puisque les moëllons piqués
sont bien plus aisés à manier que les pierres de taille.

377. La maçonnerie de moëllons bruts se fait avec
des pierres plus ou moins irrégulières, par assises de
hauteurs qu'on peut prendre inégales entr'elles, mais
pourtant il convient de les rendre le moins inégales
possible : et dans tous les cas, pour une même assise,
les deux lits doivent être horizontaux.

378. Si on peut se procurer des moëllons présentant deux lits bien marqués, ce qui arrive quand on
exploite une carrière dont les bancs sont bien pronon-
cés, les lits des moëllons sont naturellement bien

gisans; dans le cas contraire, il faut ébaucher les deux lits au marteau.

379. Avant de poser la couche de mortier propre à recevoir les moëllons, il faut nettoyer et mouiller les moëllons avant de les mettre en place.

Alors on les pose en liaison et à bain de mortier, puis on les frappe à coups de marteau pour les asseoir; on garnit avec soin tous les vides avec des éclats de pierres que l'on enfonce à coups de marteau dans le mortier qui doit les remplir entièrement.

380. Il est essentiel d'élever le mur également des deux côtés par assises, et d'arraser l'intérieur au niveau de la hauteur des deux rangées de moëllons qui forment le parement.

Il faut aussi se tenir en garde contre les mal-façons. Quand on a de la maçonnerie de moëllons à faire exécuter, il faut être attentif et toujours présent, car l'enduit cache tout.

Il est rare que cette espèce d'ouvrage soit bien exécuté à la tâche.

381. Le plâtre est mauvais pour remplacer le mortier dans la maçonnerie de moëllons.

§ III.

MAÇONNERIE DE BRIQUES.

382. La maçonnerie de briques est une excellente construction propre aux ouvrages hydrauliques; on doit nettoyer et mouiller la brique avant de la poser

à bain de mortier; il faut la bien assujétir à sa place, suivre une combinaison de pose qui établisse des liaisons convenables de manière à éviter la continuité dans les lits horizontaux et dans les joints verticaux.

§ IV.

DU PISÉ.

383. Le pisé est une maçonnerie économique que l'on fait avec de la terre battue.

Pour construire un mur en pisé, il faut une terre franche un peu graveleuse : la terre végétale est bonne.

On passe la terre à la claie, on la mouille légèrement, si toutefois elle n'est pas assez humide : il faut qu'elle fasse corps en la serrant avec la main.

Les murs se construisent par parties au moyen d'un encaissement formé par un chassis et des planches : on y jette la terre par couches de o, 10 environ, et on bat au pilon jusqu'à ce que l'épaisseur ne soit plus que de o, o5. Le chassis doit avoir environ 3^m. 00e de longueur, 1^m 00e de hauteur, et 0^m. 50e d'épaisseur. Quand un bloc de pisé est terminé, on déplace le chassis pour faire le suivant, mais il faut avoir soin que les joints montans soient inclinés à 6o degrés pour faciliter la liaison des blocs voisins entr'eux.

Ces inclinaisons se font en sens contraire en passant d'une assise de blocs à la suivante; il faut croiser les joints de manière qu'ils ne se correspondent pas d'une assise à l'autre.

On doit laisser passer six mois avant d'enduire avec
de bon mortier. Ce mode de construction réussit
assez bien dans les pays méridionaux.

CHAPITRE III.

—

CHARPENTE.

384. On peut bien employer dans les constructions
le chêne, le hêtre, l'orme et le sapin.

Les chênes à gros glands viennent solitaires ou
groupés deux à deux sur de bons terrains dont la
couche végétale est épaisse. La feuille est grande, le
bois blanc jaunâtre, liant, ferme, aisé à fendre, l'é-
corce est lisse et grisâtre, les fibres droites et élastiques.

Leur emploi est avantageux pour les grandes charpentes, les combles, les planchers, etc.

385. Les chênes à petits glands viennent réunis
par bouquets sur des terrains maigres et pierreux; la
feuille est petite, le bois et l'écorce ont une couleur
plus foncée; l'é orce est moins lisse, les fibres moins
droites et plus rigides.

Leur emploi est utile pour les fondations, les constructions extérieures, etc.

386. Dans un arbre on distingue la racine, le tronc et les branchages ; c'est avec le tronc qu'on fait les pièces de charpente : il se compose de l'écorce, de l'aubier et du cœur. L'épiderme est l'enveloppe de l'écorce, le liber est la partie intérieure de l'écorce, l'aubier est placé entre le liber et le cœur : c'est un bois imparfait qui n'a pas encore acquis sa dureté ; le cœur est formé par l'assemblage des fibres longitudinales et transversales qui occupent l'intérieur de l'arbre depuis le centre jusqu'à l'aubier, et qui sont disposées d'une manière concentrique.

387. La qualité du chêne dépend du sol, du climat et de l'exposition.

Les terrains humides donnent ce qu'on appelle un bois gras, il est léger, ses fibres sont molles ; il éclate et se brise quand on le charge de manière à le faire plier.

Les terrains francs et peu humides, et même ceux qui sont pierreux au-dessous d'une bonne couche végétale, donnent du bois de bonne qualité qui plie long-temps avant de se rompre.

La température de 40 à 45 degrés convient aux chênes à petits glands : le climat du milieu et du nord de la France favorise les chênes à gros glands.

L'exposition au nord et au levant est bonne pour les terres sèches et légères ; si elles sont fortes et humides, l'exposition au midi vaut mieux ; l'exposition au couchant est la plus mauvaise de toutes, dans tous les cas.

La situation à mi-côte est la meilleure de toutes :

19.

au sommet des montagnes, les arbres sont rabougris; au fond des vallées, le bois est gras.

Les arbres isolés, les arbres de lisière ont meilleure apparence et moins bonne qualité que les arbres pris au milieu d'une forêt.

388. Le bois *gelif* présente dans la coupe circulaire transversale du tronc, des fentes en forme de rayon; c'est un défaut essentiel : le bois gelif ne vaut rien pour les charpentes, surtout si les fentes sont assez nombreuses pour représenter une sorte d'étoile, car c'est alors ce qu'on appelle du bois étoilé, c'est-à-dire gélif au dernier point.

389. Le bois *noueux* est difficile à travailler à cause de l'inégalité de dureté de ses parties; il est bon pour les ouvrages hydrauliques et les fondations.

390. Le bois *rebours* présente des fibres longitudinales qui affectent toutes sortes de directions; c'est un défaut analogue au précédent : le bois rebours et les bois noueux sont propres aux mêmes usages.

391. Le bois *roulé* offre dans la section transversale du tronc une suite de fentes circulaires concentriques; souvent les couronnes sont presque détachées, c'est un défaut capital, et le bois qui en est attaqué ne peut servir à aucune espèce de charpente; il est d'ailleurs sujet à pourrir.

392. Le bois *tranché* est un bois noueux dont les fibres longitudinales ont été tourmentées dans leur direction par les nœuds qui les ont désunies; c'est un défaut qui ne permet pas de le façonner à la scie,

parce qu'on trancherait des faisceaux de fibres, et la pièce n'aurait plus de force. On peut s'en servir dans les fondations, mais alors il faut se borner à l'écarrir.

393. Le bois *mouliné* est celui qui est piqué par les vers; c'est un défaut capital, et le bois mouliné ne vaut rien du tout pour les constructions.

394. Le bois *carrié* est celui qui est pourri au point de tomber en poussière; il est tout au plus bon pour faire du feu.

395. Le bois sur le *retour* est celui qui est sur le point de mourir sur pied; on le reconnaîtrait facilement si on pouvait voir l'arbre avant qu'il fût coupé : sa cime est couronnée, les feuilles inférieures viennent assez bien et de bonne heure, mais elles tombent avant l'automne.

L'écorce est chargée de mousse et de lichen.

Le bois sur le retour ne vaut rien pour les constructions.

396. On appelle *bois en grume* celui qui est revêtu de son écorce, il ne faut pas laisser long-tems le bois en grume, on doit se hâter de le dépouiller de son écorce.

397. Quand on a choisi un arbre pour l'abattre, il est avantageux de l'écorcer sur pied pendant la sève du printems, ou bien de faire une entaille circulaire et profonde tout autour du pied; l'arbre se couvrira de feuilles qui tomberont ensuite assez promptement, et alors on l'abattra; la qualité du bois aura beaucoup

gagné par ce moyen, et l'aubier sera singulièrement durci.

La densité du chêne écorcé comme il vient d'être dit excède celle du chêne non écorcé d'environ $\frac{1}{600}$; les résistances qu'offrent de pareils bois sont entr'elles comme 81 est à 74; l'aubier du chêne écorcé est moins pesant que le cœur du chêne non écorcé, mais leurs résistances respectives sont dans le rapport de 28 à 25.

398. Les assemblages de charpente doivent, autant que faire se peut, être disposés en triangles : cette forme est la plus solide et la plus invariable.

399. Lorsqu'on veut employer du bois de chêne dans une construction, les longueurs des pièces sont déterminées par les dimensions de l'ouvrage dont elles doivent faire partie; il reste donc à déterminer leur équarrissage ou leurs diamètres de manière à être assuré d'obtenir la solidité nécessaire.

Pour cela, il faut évaluer en kilogrammes les forces qui agiront sur ces pièces, et voir quelles seront les directions de ces forces par rapport à ces pièces.

Alors, si on appelle e l'écarrissage d'une pièce, ou bien d son diamètre si elle est ronde; si on appelle l sa longueur et P le poids qu'elle supporte, on aura :

1°. Quand la pièce sera retenue par deux appuis, et qu'elle sera pressée à son milieu par une force perpendiculaire à sa longueur :

$$e = \frac{\sqrt{lP}}{680} \quad \text{et} \quad d = \frac{\sqrt{lP}}{620}$$

2°. Si la pièce est fortement retenue et saisie par une seule de ses extrémités, et que la pression agisse perpendiculairement à sa longueur vers l'extrémité libre, on aura

$$e = \frac{\sqrt{l\,P}}{170} \qquad \text{et} \qquad d = \frac{\sqrt{l\,P}}{155}$$

3°. Si la pièce résiste dans le sens de sa longueur à une force de pression, on aura

$$e = \frac{l + \sqrt{P}}{2000} \qquad \text{et} \qquad d = \frac{l + \sqrt{P}}{1800}$$

pourvu que ces formules donnent une valeur pour e plus grande que le sixième de la longueur l, car alors il ne faut pas les employer et prendre

$$e = \frac{\sqrt[5]{l^3\,P}}{270} \qquad \text{et} \qquad d = \frac{\sqrt[5]{l^3\,P}}{240}$$

4°. Enfin si la pièce résiste dans le sens de sa longueur à une force de traction, on aura

$$e = \frac{l + \sqrt{P}}{3000} \qquad \text{et} \qquad d = \frac{l + \sqrt{P}}{2700}$$

Toutes ces formules supposent que le bois est de nature de chêne, d'une qualité ordinaire, sans défaut qui puisse le faire rejeter, mais aussi n'ayant pas la perfection qu'on ne rencontre pas facilement.

19*.

TROISIÈME PARTIE.

___

CHAPITRE I.

TRAVAUX D'ART.

400. Pour recouvrir l'espace compris entre deux massifs de maçonnerie parallèles, on peut employer divers systêmes d'appareil : ainsi on peut faire des voûtes en *plates-bandes*, des *berceaux circulaires* qui comprennent des arcs de circonférence plus ou moins étendus, ou bien des *anses de panier*, ou enfin des demi-circonférences, et ces dernières voûtes s'appellent *pleins cintres*.

401. Dans une voûte en plate-bande, si L représente la moitié de la largeur de l'espace à recouvrir, e l'épaisseur de la plate-bande, et x la distance du point auquel tous les plans de joints doivent concourir, à la droite qui se rend d'un des appuis à l'autre, on aura

$$x = \frac{3(L^2 - e^2)}{2e}$$

et
$$e = \frac{L + 5}{14}$$

402. Pour un berceau circulaire, si on nomme c la corde, f la flèche, et e l'épaisseur à donner à la clef, on aura

$$e = \frac{f}{c}\left(\frac{5c + 46}{72}\right) + \left(\frac{c - 2f}{c}\right)\left(\frac{c + 5}{14}\right)$$

Cette formule peut servir aussi pour déterminer l'épaisseur à la clef lorsqu'il s'agit d'une anse de panier; mais alors c représente l'ouverture de la voûte ou son grand diamètre, et f est le demi petit diamètre.

403. Enfin s'il s'agit d'une arche en plein cintre, on aura, en désignant le rayon par r et l'épaisseur à la clef par e :

$$e = \frac{10r + 46}{144}$$

404. Concevons un mur de soutènement destiné à résister à la poussée des terres qu'il doit soutenir. Soit E l'épaisseur du mur au sommet, α l'angle formé pour le revêtement extérieur du mur avec la verticale, α' l'angle formé par le revêtement intérieur du mur avec la verticale, P le poids d'un mètre cube de maçonnerie, P' le poids d'un mètre cube de terre, β l'angle sous lequel les terres à soutenir se maintiendraient toutes seules, h la hauteur des terres à soutenir, on aura

$$E = h\left(\sqrt{\frac{P'\,\beta^2}{3\,P}} - tang.\,\alpha - \frac{tang.\,\alpha'}{2}\right)$$

405. Les formules qui précèdent ne sont utiles que

comme premiers renseignemens, lorsqu'il s'agit de régler les dimensions des ouvrages d'art : il ne faut y attacher pour ainsi dire qu'une demi-confiance; tant de circonstances peuvent imposer des modifications, et il est si difficile d'avoir égard à tous les élémens de pareilles questions, qu'il faut toujours, au moment de l'exécution, s'enquérir de ce qui a été fait d'analogue, et rectifier, s'il y a lieu, les résultats du calcul par de bonnes observations pratiques.

Ainsi il est entendu qu'après avoir transformé en nombres les valeurs fournies par les formules que nous venons de présenter relativement aux travaux d'art, on ne considérera pas ces nombres comme devant rigoureusement fixer les dimensions des ouvrages; ils ne s'en écarteront cependant pas beaucoup, mais la prudence veut que si on est en doute on s'assure de la solidité de ce qu'on veut construire en voyant quelques constructions analogues et forçant un peu les dimensions qui laisseraient quelqu'incertitude.

406. Pour décrire une anse de panier, on peut employer un certain nombre d'arcs de circonférence; la courbe s'appelle anse de panier à trois centres, à cinq centres, etc., suivant le nombre d'arcs dont elle se compose et qu'on doit prendre en nombres impairs.

Si on adopte seulement trois centres, on pourra tracer la courbe ainsi qu'il suit : (*Fig.* 19)

Soit AB le demi-diamètre horizontal, BC le demi-diamètre vertical, joignez AC, portez sur CA à partir du point C une longueur CD = AB — BC, élevez

sur le milieu de AD une perpendiculaire, cette perpendiculaire rencontrera AB et le prolongement de
CB en deux points O et K qui seront les centres
cherchés.

Ainsi OA sera le premier rayon et KC le second,
le troisième centre serait symétriquement placé de
l'autre côté de CB.

407. Si on veut que l'anse de panier ait cinq centres (*Fig.* 20), on en prendra un en O, l'autre en K,
et pour trouver le troisième, en appelant d'abord
AO $= r$ et KC $= r'$, on aura pour la valeur du
troisième rayon r'' :

$$r'' = \sqrt{rr'}$$

Décrivant alors du point O comme centre avec un
rayon égal à $r'' - r$ un arc, et décrivant ensuite du
point K comme centre avec un rayon $r' - r''$ un
autre arc, ces deux arcs se couperont en un point M
qui sera le troisième centre; les deux autres centres
seraient symétriquement placés de l'autre côté de CB.

Les anses de panier à trois centres suffisent quand
la courbe n'est pas surbaissée de plus d'un tiers : il
en faut cinq dans le cas contraire, et dans cette cir-
constance on peut essayer de prendre

$$r = \frac{a+b}{5} \quad \text{et} \quad r' = \frac{5(a+b)}{3}$$

Ce qui donne.

$$r'' = \frac{a+b}{\sqrt{3}}$$

Si la courbe n'est pas assez gracieuse, on la corrigera en modifiant légèrement les valeurs de r et r'.

408. On peut substituer aux anses de panier une courbe qu'on nomme ellipse, et qui offre l'avantage que sa courbure varie d'une manière continue.

Pour la tracer, on peut se servir d'un instrument composé d'une grande règle; à l'extrémité de cette règle est adaptée une petite plaque en cuivre fixée sur la face supérieure de la règle, et qui doit excéder la largeur de cette face.

Cette petite plaque offrira un trou taillé en écrou dans la partie qui dépasse la largeur de la règle; on y introduira une vis portant une pointe.

Une autre plaque tout-à-fait pareille, mais mobile de manière à pouvoir glisser le long de la règle et s'arrêter par une vis de pression, sera adaptée à l'autre extrémité de la règle.

Entre ces deux plaques il y en aura une troisième, mobile aussi, mais en deux pièces, l'une permettant de faire glisser l'appareil le long de la règle et l'arrêtant par une vis de pression, l'autre portant le trou taillé en écrou et ajustée sur la première par le moyen de coulisses, de manière à pouvoir être tirée ou repoussée pour éloigner ou rapprocher la pointe de la face latérale de la règle (*Fig.* 24).

On tracera alors sur l'aire plane sur laquelle on veut décrire l'ellipse une ligne droite indéfinie; on prendra bout à bout deux distances, l'une égale au demi-diamètre horizontal, l'autre égale au demi-diamètre vertical.

On placera la règle de manière que la pointe de la plaque fixe soit à l'une des extrémités ; l'autre pointe de la plaque extrême sera amenée à l'autre extrémité ; puis enfin on amènera la plaque mobile du milieu vis-à-vis le point intermédiaire, et l'on tirera ou repoussera la coulisse jusqu'à ce que la pointe tombe précisément sur le point intermédiaire. On assujétira alors les deux plaques mobiles avec leurs vis de pression, et l'instrument présentera trois pointes en ligne droite offrant deux distances représentant les moitiés des deux diamètres de l'ellipse à décrire.

Alors on tracera sur l'aire plane deux lignes droites perpendiculaires entr'elles ; deux personnes saisiront l'instrument : l'une placera la pointe de la plaque fixe sur une des lignes droites, l'autre personne fera mouvoir la règle jusqu'à ce que la pointe de l'autre extrémité tombe sur l'autre ligne droite ; une troisième personne marquera pour cette position de la règle un point sur l'aire plane avec la pointe du milieu qu'elle fera descendre en tournant la vis qui la porte.

Ce premier point étant établi, la première personne déplacera légèrement la pointe extrême en la faisant avancer sur la ligne droite ; la seconde personne ramènera l'autre pointe sur l'autre ligne droite, et la troisième personne marquera un second point sur l'aire plane et ainsi de suite, de manière qu'on obtiendra sur l'aire plane des points très-rapprochés qui tous appartiendront à l'ellipse ; on réunira tous ces points par une ligne en se servant d'une règle pliante, et l'ellipse sera décrite.

409. Lorsqu'on a décrit une ellipse, voici comment on peut s'y prendre pour tracer une ligne de joint correspondant à deux voussoirs et partant d'un point de cette ellipse.

Il faut décrire sur le diamètre horizontal ou le grand axe de l'ellipse une demi-circonférence par le point choisi sur l'ellipse; on abaissera une perpendiculaire sur le grand axe, on la prolongera jusqu'à la demi-circonférence, on mènera une tangente à cette demi-circonférence, cette tangente rencontrera le grand axe en un point : appelons-le le *premier point*.

Si du sommet du petit axe, et avec un rayon égal à la moitié du grand, on décrit un arc, cet arc coupera le grand axe en un second point : appelons-le le *foyer de l'ellipse*.

Si on décrit sur la distance de ces deux points comme diamètre une demi-circonférence, elle coupera la première demi-circonférence en un point; joignant ce point au *premier point*, la ligne droite qui les réunira ira précisément toucher l'ellipse au point choisi sur elle, et la ligne de joint sera une perpendiculaire sur cette tangente.

410. Le moyen qui précède donnera les lignes de joints pour les voussoirs rapprochés des naissances de la voûte. On pourra obtenir les lignes de joints pour les voussoirs supérieurs en divisant en deux parties égales l'angle des lignes droites partant des deux foyers de l'ellipse pour se rendre au point choisi sur l'ellipse.

20.

411. Si on appelle a et b les demi-axes d'une ellipse et s sa surface, on aura

$$s = \pi\, a\, b.$$

412. Concevons un parallélipipède dont les dimensions seraient a, b et c; c sera, par exemple, la hauteur.

Si sur les quatre faces latérales on décrit quatre demi-ellipses ayant pour grands axes les côtés correspondans de la base inférieure du parallélipipède, et pour demi-axes verticaux la hauteur c, on pourra considérer ces quatre demi-ellipses comme bases de cylindres droits qui détacheront une portion du parallélipipède, et ce qui restera sera ce qu'on appelle une *voûte d'arrête*.

Si on appelle v le volume du massif de cette voûte d'arrête, on aura

$$v = abc \left(\frac{10 - 3\,\pi}{12} \right)$$

Si on appelle s la surface du parement courbe de la voûte, et qu'on nomme c et c' les surfaces des deux cylindres tels qu'ils seraient isolément s'ils ne se rencontraient pas, on aura

$$s = \frac{c + c'}{2}$$

Ces formules peuvent servir pour les constructions de ce qu'on appelle les voûtes d'arrêtes.

413. Concevons un parallélipipède dont les dimensions seront a, b et c, c étant la hauteur.

Si sur les quatre faces latérales on décrit quatre demi-ellipses ayant pour grands axes les côtés correspondans de la base inférieure, et pour demi-axes verticaux la hauteur *c*, on pourra considérer ces quatre demi-ellipses comme bases de cylindres droits qui se pénètreront; mais si on ne conserve de chacun de ces cylindres que la portion qui serait emportée par l'autre en cherchant à faire une voûte d'arrête, alors on aura ce qu'on appelle une voûte en *arc de cloître*.

Si on appelle *v* le volume du massif de cette voûte en arc de cloître, on aura

$$v = \frac{a\,b\,c\,(14 - 3\,\pi)}{12}$$

On aurait aussi comme dans l'article précédent

$$s = \frac{c + c'}{2}$$

CHAPITRE II.

ÉTABLISSEMENT DES ROUTES NEUVES.

414. Supposons qu'il s'agisse d'ouvrir une communication entre deux points : on parcourra d'abord le terrain qui les sépare de manière à se former une

idée assez exacte de sa configuration, et par suite d'un
examen attentif et raisonné, on doit être conduit à
partager le tracé en un certain nombre de parties
qui réuniront divers *points de sujétion* par lesquels
on aura reconnu qu'il faut passer.

§ I.

POINTS DE SUJÉTION.

415. Concevons en effet qu'on ait levé le plan du
terrain, figuré les deux points à réunir et joint ces
points par une ligne droite; le plan comprendra à
droite et à gauche de cette droite une bande suffisamment large pour qu'on soit certain que le tracé à déterminer y sera compris.

Il est visible que le meilleur de tous les tracés, si
la chose se pouvait, serait cette ligne droite; mais
l'étude des lieux n'aura pas manqué de faire remarquer des obstacles matériels qui s'opposeraient à son
établissement, et peut-être aussi jugera-t-on convenable d'infléchir la ligne pour se rapprocher de
certains points habités qu'il serait utile de faire participer aux avantages de la construction projetée.

D'après cela, on voit que l'on aura autant de points
de sujétion que de bourgs à desservir, et chaque
obstacle offrant un point où on pourra plus avanta-
geusement le franchir, donnera aussi un point de
sujétion.

Si par exemple il existait, dans une direction per-

pendiculaire à la droite qui réunit les points extrêmes,
une chaîne de montagnes à traverser, on examinerait
si la ligne de faîte ne présenterait pas une inflexion
qui permît sans trop s'écarter du chemin, à vol
d'oiseau, de franchir le col à une moindre hauteur, et
le point inférieur de cette inflexion serait un point de
sujétion, et ainsi de suite.

Cela posé, la question se trouve ramenée à tracer
la ligne à suivre pour se rendre d'un point de sujétion
au suivant. Il est essentiel de bien balancer les avantages et les inconvéniens lorsqu'on fixe la position de
ces points importans; c'est en cela que consiste la
perfection de l'ensemble., et il ne s'agit plus que d'é-
tablir des lignes particulières correctes.

§ II.

DE LA LIGNE D'OPÉRATION.

416. D'après ce qui précède, on voit que les points
de sujétion n'étant jamais séparés par de grands
obstacles, on doit en général pouvoir se placer de
manière à découvrir le terrain dans l'intervalle de
l'un d'eux au suivant. On pourra donc dessiner par
la pensée sur le terrain qu'on découvre une ligne qui
réunirait ces points en présentant des contours et des
pentes convenables.

Alors, et sans quitter le point d'observation où l'on
est placé, on cherche des points remarquables et qui
soient assez voisins de la ligne que l'on a conçue pour

20*.

être considérés comme des jalons repères à peu près bien placés.

Ce seront des arbres, des angles de haies ou de murailles, quelques grosses pierres plus ou moins bizarres, etc.

Cela fait, on se rend au point de sujétion d'où l'on veut partir, et l'on jalonne une ligne sur le terrain en se dirigeant sur le premier jalon repère en ligne droite si la distance est petite, et dans le cas contraire, autant que les souvenirs le permettent, en se maintenant dans la ligne que l'on a conçue.

On établit de cette façon sur le terrain une ligne, et en retournant au point d'observation, on juge si elle représente bien celle que l'on avait imaginée : on corrige ce qui paraît défectueux en infléchissant à droite ou à gauche les parties qui en ont besoin ; alors on assure ce premier tracé par des piquets numérotés et l'on obtient ainsi ce que nous avons appelé la ligne d'opération.

§ III.

DE LA ZONE LIMITE.

417. Concevons maintenant la ligne d'opération qui réunit deux points de sujétion ; cette ligne d'opération se composera d'un certain nombre d'alignemens ; menons à droite et à gauche de ces alignemens des droites qui leur soient parallèles, et plaçons-les à une distance suffisante pour que la bande de terrain comprise entre ces limites soit assez large et que l'on soit sûr que le véritable tracé de la route neuve, qui du reste ne peut s'écarter beaucoup de la ligne d'opération si on l'a bien tracée, ne sortira point de cette bande.

Nous aurons ce que nous désignons sous le nom de *zône limite.*

418. La route à établir doit porter un nom qui indique le sens de sa direction : ainsi, par exemple, la route de Paris à Lyon se dirige de Paris à Lyon, ceci est une observation extrêmement importante, et il faut avoir toujours présent à la mémoire le sens de la direction de la route qu'on étudit, et toujours opérer de manière à tourner le dos au point de départ toutes les fois qu'on a besoin de penser au sens de la direction de la route.

Nous le répétons encore, cette remarque qui paraît presque triviale de simplicité est de la plus grande importance pour éviter de graves erreurs.

419. Si on se place sur la ligne d'opération, le dos tourné au point de départ, on verra que cette ligne d'opération partage la zône limite en deux parties que nous appellerons *lisières;* il y aura la lisière de droite et la lisière de gauche, mais on n'aura pour les distinguer pas d'autre moyen que de ne pas perdre de vue l'observation de l'article précédent.

420. La ligne d'opération qui réunit deux points de sujétion se compose d'un certain nombre d'alignemens consécutifs qui forment entr'eux des angles particuliers; si on divise ces angles en deux parties égales par des lignes droites, ces lignes droites parta-

geront la zône limite en un certain nombre de parties que nous appellerons *phalanges*.

§ IV.

PLAN DE LA ZONE LIMITE.

421. La zône limite se compose d'autant de phalanges qu'il y a d'alignemens dans la ligne d'opération; chaque phalange est partagée en deux languettes par l'alignement correspondant, et cet alignement prendra le nom de *filet*.

Nous appellerons origine d'un filet son point de rencontre avec le filet de la phalange précédente.

422. Concevons un point quelconque, situé, par exemple, sur la languette de droite d'une phalange quelconque.

Abaissons de ce point une perpendiculaire sur le filet; cette perpendiculaire sera l'*ordonnée* du point, et la distance du pied de cette ordonnée à l'origine du filet sera l'*abcisse* du point. D'après cela, un point sera facile à placer quand on aura son abcisse et son ordonnée; on portera l'abcisse sur le filet à partir de l'origine, et l'on élèvera à l'extrémité de cette abcisse une perpendiculaire égale à l'ordonnée; on voit seulement qu'il importe de marquer si l'ordonnée doit être portée à droite ou à gauche du filet pour ne pas se tromper de languette.

423. D'après ce qui précède, on voit que pour être en état de rapporter le plan d'une phalange quelconque, il suffit de mesurer la longueur du filet et de faire connaître les longueurs des abcisses et des

ordonnées de tous les points qu'on doit faire figurer
sur le plan. Si entre les piquets extrêmes qui sont
placés, l'un à l'origine du filet, l'autre à l'origine du
filet suivant, il existe des piquets intermédiaires, ces
piquets ont des ordonnées zéro, et l'on n'a besoin de
mesurer que leurs abcisses.

Il est bon d'employer deux feuilles pour relever
chaque phalange : sur la première feuille on fait un
tableau analogue à celui ci-après.

Troisième Phalange.

Le filet de la 3me. phalange forme avec le filet de la
seconde phalange un angle à droite de 157° 27′ 14″.

Numéro des piquets.	Abcisses des piquets.	Ordonnées à droite.	Ordonnées à gauche.	Observations
27	0 , 00	0 , 00	0 , 00	Origine du filet.
α	8 , 55	α	4 , 67	
α	13 , 25	7 , 19	3 , 21 / 14 , 53	
28	22 , 14	0 , 00	0 , 00	Piquet de la ligne d'o-pération.
α	29 , 17	5 , 81	11 , 15	
29	36 , 42	0 , 00	0 , 00	
α	44 , 44	8 , 12	7 , 29	Piquet de la ligne d'o-pération.
30	58 , 79	0 , 00	0 , 00	
31	73 , 81	0 , 00	0 , 00	Extrémité du filet.

Sur la seconde feuille on trace une ligne droite qui représente le filet, et on marque les abcisses et les ordonnées en figurant le plan de la phalange aussi bien que la vue le permet; on aurait, dans le cas particulier qui nous occupe, un croquis analogue à la figure 22.

On voit que dans le tableau on considère les pieds des ordonnées comme marqués par des piquets qui ne portent point de numéro, et que pour une même abcisse on peut avoir plusieurs ordonnées.

On voit que pour la figure on marque les distances entre les points consécutifs, tandis que sur le tableau ce sont les distances prises à partir de l'origine.

Nous devons dire qu'il importe beaucoup dans la pratique de ne jamais mesurer des distances bout à bout, il faut chaîner sans s'arrêter pour reprendre; des soustractions donneront les distances partielles, et l'on ne courra pas le risque de commettre des erreurs en ne reprenant pas la mesure au point où on se serait arrêté.

Les angles de chaque filet, avec le filet précédent, étant observés et soigneusement cotés en tête de chaque tableau, rien n'empêchera d'ajuster toutes les phalanges bout à bout. Ainsi, quand on aura dessiné géométriquement la première phalange, on mènera à l'extrémité du filet une ligne droite formant à droite ou à gauche l'angle observé; cette ligne droite aura la direction du filet suivant, on dessinera donc la seconde phalange, et l'on agira de même pour les suivantes, ce qui donnera le plan de la zône limite.

424. Il est bon d'avoir encore pour chaque phalange un dessin visuel séparé, et qui ne soit point surchargé de chiffres, afin d'y mettre des notes indiquant les natures des terrains, les noms des propriétaires, distinguer les haies des murs de clôture, les bâtimens et tous les objets qui sur le plan géométrique doivent être eux-mêmes distingués par des teintes ou des procédés particuliers.

§ V.

COUPE LONGITUDINALE.

425. Si par les divers alignemens dont se compose la ligne d'opération on conçoit des plans verticaux, ces plans couperont le terrain suivant des lignes particulières, et si on dessine sur une même feuille de dessin ces sections les unes à la suite des autres, telles qu'elles sont dans chaque plan sécant, on aura ce que nous appelons la *coupe longitudinale*.

Les notes à recueillir sur le terrain pour pouvoir rapporter sur le dessin la coupe longitudinale, se relèvent ainsi qu'il suit.

On commence par dresser un tableau analogue à celui-ci :

Numéro des piquets.	Distances des piquets.	Coups avant.	Coups arrière.	Cotes.	Observations.
1	37 , 5o		1, 17	100,00	
2	28 , 35	1, 82	1, 78	100, 65	
3	32 ; 43	2, 41	0, 54	101, 28	
4		2, 19		102, 93	

Les deux premières colonnes se remplissent sans difficulté, puisque dans la première on place les numéros des piquets dans l'ordre suivant lequel on les rencontre en suivant la ligne d'opération, et dans la seconde on place en regard les distances des piquets consécutifs.

Pour obtenir les nombres qui doivent figurer dans les deux colonnes suivantes, il faut se placer avec un niveau successivement à peu près au milieu de l'intervalle de deux piquets ; on appelle *coup arrière* le nombre accusé par la personne qui tient la mire lorsqu'on regarde du côté du point de départ, et *coup avant* le nombre accusé par la personne qui tient la mire lorsqu'on regarde en avant.

Les quatre premières colonnes étant remplies, on place vis-à-vis le piquet n°. 1, dans la cinquième colonne, un nombre de mètres plus grand que la plus grande hauteur des montagnes qu'on peut avoir à traverser. Ici nous avons mis 100^m. 00^c., nous en aurions pu mettre 1000^m. 00^c. sans inconvénient.

Ce premier chiffre posé, on obtient le suivant, et en général on passe d'une cote à la suivante en retranchant de cette cote le coup arrière et ajoutant à la différence le coup avant.

La colonne des observations est destinée à recevoir les notes et remarques qu'on juge à propos d'y consigner.

426. Pour rapporter la coupe longitudinale sur une feuille de dessin, il n'y a plus qu'à tracer une ligne droite, placer des points sur cette ligne droite à des distances prises sur l'échelle et représentant les distances des piquets, et on écrira les distances dans l'intervalle compris entr'eux.

Cela fait, on élève des perpendiculaires égales en parties de l'échelle aux cotes respectives des piquets; on réunit les extrémités de ces cotes par des lignes droites, et l'ensemble de ces droites représente la coupe longitudinale.

§ VI.

COUPES TRANSVERSALES.

427. A chaque piquet de la ligne d'opération, on doit tracer sur le terrain une perpendiculaire sur la droite qui réunit ce piquet au précédent; on prolonge cette perpendiculaire à droite et à gauche de la ligne d'opération dans toute la largeur de la phalange cor-

21.

respondante; on place de petits piquets le long de cette perpendiculaire et on nivelle cette ligne comme il a été dit (art 425) en commençant par l'extrémité de gauche et allant de la gauche à la droite.

Ainsi, par exemple, la coupe transversale correspondant au piquet 3 (art 425) pourrait donner lieu au tableau suivant :

Coupe transversale correspondant au piquet 3.

Numéro des piquets.	Distances des piquets.	Coups avant.	Coups arrière.	Cotes.	Observations.
α			0, 29	99, 17	
α	2, 40	1, 16	0, 18	100, 04	
3	3, 27	1, 42	0, 26	101, 28	Piquet de la ligne d'opération.
α	1, 10	1, 19	0, 19	102, 21	
α	1, 98	2, 02	0, 25	104, 04	
α	2, 01	2, 05		105, 84	

On voit qu'on a mis vis-à-vis le piquet 3 la cote 101, 28 qui lui appartient dans la coupe longitudinale; les cotes suivantes se calculent en ajoutant le coup avant du piquet suivant et retranchant le coup arrière du piquet dont on a la cote; mais pour obtenir les cotes précédentes, il faut suivre la marche inverse, c'est-à-dire ajouter le coup arrière et retrancher le coup avant.

Les coupes transversales se rapportent sur un dessin précisément comme la coupe longitudinale.

428. Telles sont les notes qu'on doit recueillir sur le terrain pour avoir les élémens nécessaires à la rédaction d'un projet dans le cabinet; on doit pourtant y joindre des renseignemens sur la position des carrières, les natures des terrains et les diverses couches de superpositions; des sondes faites de distance en distance éclaireront à ce sujet.

§ VII.

DES COTES INTERCALAIRES.

429. Pour placer les piquets qui servent à relever la coupe longitudinale et les coupes transversales, la seule attention qu'on doive avoir c'est qu'entre deux piquets consécutifs il n'y ait pas d'ondulation de terrain; il faudrait qu'un cordeau tendu entre les deux piquets consécutifs touchât le terrain partout.

D'après cela, s'il arrive qu'on ait besoin de connaître la cote d'un point intermédiaire entre deux piquets, en appelant c'' cette cote, c la cote du premier piquet, c' la cote du second, d la distance entre ces deux piquets, et d' la distance du point dont la cote est c'' au premier piquet dont la côte est c, on aura

$$c'' = c + \frac{d'}{d}(c' - c)$$

Si au contraire on voulait savoir à quelle distance du point dont la cote est c il faut se placer pour obtenir une cote c'', on aurait, en conservant les dénominations précédentes :

$$d' = d \left(\frac{c - c''}{c - c'} \right)$$

A l'aide de ces deux formules, on peut intercaler entre deux piquets consécutifs autant de points qu'on peut le désirer, soit dans la coupe longitudinale, soit dans une coupe transversale, et remplir vis-à-vis ces points toutes les colonnes du tableau absolument comme si on avait relevé ces points sur le terrein avec la chaîne et le niveau.

§ VIII.

RÈGLEMENT DES PENTES OU RAMPES.

430. Supposons qu'on ait rapporté sur des feuilles de dessin :

1°. Le plan de la zône limite, sur lequel on aura figuré la ligne d'opération par une ligne noire semi-ponctuée et les coupes transversales par des perpendiculaires passant par les points qui représentent les piquets et portant les numéros de ces piquets ; elles doivent d'ailleurs être tracées en noir et ponctuées ; les points correspondant à des cotes sont marqués par de petites croix.

2°. La coupe longitudinale (elle se rapporte en

traçant une ligne droite indéfinie, prenant bout à bout à partir d'une extrémité une suite de distances égales aux distances des piquets fournis par le tableau, numérotant les points de division comme les piquets qu'ils représentent, et élevant des perpendiculaires égales en parties de l'échelle aux cotes du tableau).

3°. Les coupes transversales (elles se rapportent précisément comme la coupe longitudinale).

En examinant la coupe longitudinale rapportée, on pourra marquer les points les plus élevés et les plus bas des diverses ondulations qu'elle présente.

Nous appellerons les premiers des *sommets* et les derniers des *fonds*.

431. Cherchons sur les coupes transversales qui correspondent aux sommets si, en se portant légèrement à droite ou à gauche, on ne pourrait pas avoir des cotes un peu plus grandes; si la chose est possible, examinons sur le plan l'effet que produirait le déplacement du piquet.

Cherchons ensuite sur les coupes transversales qui correspondent à des fonds si, en se portant légèrement à gauche ou à droite, on ne pourrait pas avoir des cotes plus petites; si la chose est possible, examinons l'effet que produirait sur le plan le déplacement du piquet.

Arrêtons enfin la position des piquets qui représenteront le pied de la côte et son sommet, en satisfaisant à cette double condition de ne pas trop s'écarter de la ligne d'opération et d'obtenir des cotes qui permettent l'établissement de pentes ou de rampes plus douces.

432. Traçons maintenant sur la coupe longitudinale ainsi modifiée une ligne droite partant d'un point pris au-dessus du pied de la côte de toute la hauteur de remblais permise, et aboutissant au-dessous du sommet de cette côte de toute la hauteur de remblais admissible, nous aurons ce que nous appellerons la *directrice*.

433. Les cotes extrêmes de la directrice sont pour le sommet de la côte, la cote de ce sommet, augmentée de la profondeur en déblais qu'on a admis, et pour le pied de la côte, la cote correspondante diminuée de la hauteur du remblais qu'on a voulu faire. On obtiendra successivement toutes les cotes de la directrice pour chaque point où l'on a déjà une cote du terrain, en ajoutant, si on procède en descendant, à la cote qui précède, le produit de l'inclinaison de la directrice par la distance des piquets consécutifs, et si on appelle i cette inclinaison, c la cote de la directrice au sommet, c' la cote de la directrice au pied de la côte, l la longueur totale, on aura

$$i = \frac{c' - c}{l}$$

434. Il est évident que si on prenait la directrice pour axe de la route, la différence entre les cotes de cette directrice et des points correspondans sur le terrain serait la hauteur des déblais ou des remblais qu'il faudrait faire pour établir ces dispositions, et

alors on franchirait la côte avec une pente uniforme.

Mais pour qu'on adoptât la directrice pour axe, il faudrait que les différences des cotes dont nous venons de parler, c'est-à-dire les déblais et remblais à faire, fussent aussi faibles que possible, et que la ligne d'opération rapportée sur le plan offrît des contours gracieux sans solution de continuité ni retours angu-leux et brusques; dans ce cas, la pente serait réglée, la directrice serait l'axe de la route, et la ligne d'opé-ration serait le tracé définitif représentant la projec-tion de cet axe sur le terrain.

435. Comme il est presque impossible que les circonstances permettent de prendre les dispositions ci-dessus indiquées, il faudra chercher sur le plan de la zône limite les numéros des piquets qui fournissent une différence entre les cotes de la ligne d'opération et la directrice.

Les coupes transversales correspondantes indique-ront à quelle distance il faudra se porter à droite ou à gauche pour diminuer cette différence; mais on doit avoir égard à la continuité du tracé et ne pas s'écarter de la ligne d'opération de manière à l'altérer d'une façon disgracieuse.

On remplacera donc sur la coupe longitudinale les cotes du terrain qui fournissaient des déblais ou des remblais par les cotes des points choisis sur les coupes transversales et qui en diminuent la hauteur : ceci conduira ordinairement à des calculs de cotes in-tercalaires.

436. Si, après cette modification, les hauteurs de déblais ou de remblais ne sont pas trop fortes, alors la directrice est l'axe de la route, et la ligne d'opération modifiée devient le tracé définitif représentant la projection de cet axe sur le terrain.

437. Si, au contraire, et malgré les déplacemens opérés afin d'atténuer les hauteurs de déblais ou de remblais, on reconnaît que la directrice ne peut servir d'axe à la route sans entraîner des frais de terrassemens trop considérables : alors il faut briser la pente.

Pour cela on mesure, à partir de tous les points de la ligne qui représente le terrain du côté de la directrice, ainsi que du côté opposé, des hauteurs de remblais et des profondeurs de déblais admissibles au *maximum*.

On réunit tous les points situés au-dessus du terrain par des lignes droites, et tous ceux placés au-dessous pareillement : l'intervalle compris entre ces limites s'appellera la *tranche limite*.

C'est dans la tranche limite que doit être tracée la directrice brisée définitive : elle devra être formée du moindre nombre de lignes droites possible, et il faut avoir soin de se mettre en remblais partout où l'on aura des angles dont l'ouverture sera dirigée en haut, et en déblais dans le cas contraire.

Cela fait, la ligne d'opération modifiée est la projection de l'axe de la route sur le terrain, et la directrice brisée est cet axe lui-même.

La coupe longitudinale modifiée, en supprimant

toutes les cotes des points abandonnés, en enlevant la directrice à laquelle il a fallu renoncer, et portant seulement les cotes des points adoptés et les cotes de la directrice brisée définitive, ainsi que les hauteurs de déblais et de remblais qui sont les différences de ces cotes, devient ce que nous appellerons le *profil en long.*

On écrit en rouge les hauteurs de déblais ou de remblais vis-à-vis chaque point du profil en long, et on les nomme les *cotes rouges du profil en long.*

§ IX.

PROFILS EN TRAVERS.

438. L'axe de la route étant arrêté et tracé en rouge sur le plan de la zône limite, on figure sur ce plan par deux lignes rouges parallèles à cet axe l'espace occupé par la route, et les profils en travers ne sont autre chose que les coupes transversales que l'on aurait eues, si de prime-abord on avait tracé sur le terrain une ligne d'opération qui n'aurait pas eu besoin d'être corrigée.

On figurera ces profils en travers sur le plan au moyen de lignes droites ponctuées en rouge; on ne leur donnera qu'une douzaine de mètres de longueur à droite et à gauche de l'axe; le mieux serait de retourner sur le terrain pour les relever par un second nivèlement; toutefois, les coupes longitudinales correspondantes peuvent ordinairement suffire pour qu'on puisse les rapporter sur le dessin.

À cet effet, on tracera une longue ligne droite pour représenter le milieu de la route : nous l'appellerons la *grande ligne*.

On marquera sur cette grande ligne des points placés à une douzaine de centimètres les uns des autres pour espacer les profils de manière à éviter toute confusion, et pour dessiner tous ces profils on agira comme nous allons le dire. Pour le profil n°. 1, par exemple :

Ce profil n°. 1 correspond à la coupe transversale n°. 1, et il doit être établi au point n°. 1 marqué sur la grande ligne.

Elevons alors par ce point n°. 1 une perpendiculaire ponctuée en noir sur la grande ligne, prolongeons-là à droite et à gauche de cette grande ligne d'une douzaine de mètres; le point n°. 1 sera le point du terrain correspondant à l'axe de la route : sa cote sera zéro.

À droite et à gauche de ce point on établira tous ceux qui sont marqués sur la coupe transversale n°. 1 dans la limite des douze mètres qu'on s'est donnée; leurs cotes seront les différences qu'on obtiendra en comparant les cotes de ces points à celle de l'axe; quand elles seront positives, on les portera dans le sens de la grande ligne; quand elles seront négatives, on les portera en sens contraire.

On réunira les extrémités de ces cotes par des lignes droites noires marquées de hachures, et elles représenteront le profil en travers du terrain.

Alors, au point qui appartient à l'axe, on établira

la cote rouge correspondante prise sur le profil en
long dans le sens des cotes positives s'il y a déblais,
et dans le sens des cotes négatives s'il y a remblais. A
l'extrémité de cette cote on mènera une perpendiculaire sur la grande ligne, on lui donnera de part et
d'autre une longueur égale à la moitié de la largeur
de la route, et on dessinera les fossés ou les talus
d'après un patron taillé pour cet effet.

On agira de la même manière pour rapporter tous
les autres profils.

§ X.

CALCULS DE TERRASSEMENS.

439 Les profils en travers étant rapportés, il faut
commencer par calculer les distances de leurs extrémités à la grande ligne : ces distances s'appellent
largeurs en *gueule de déblais,* ou bien largeurs à la
base des remblais. Pour les déblais, on les obtiendra
en prenant de chaque côté 1°. la moitié de la largeur
de la route; 2°. la largeur en gueule du fossé; 3°. la
hauteur d'un triangle dont le talus du fossé prolongé
forme un côté, la ligne du terrain forme l'autre côté,
et dont la base est parallèle à la grande ligne et aboutit sur le talus du fossé au point de rencontre de ce
talus avec le prolongement de la droite rouge qui
représente la largeur de la route.

La base de ce triangle s'obtient en calculant une
cote intercalaire et en la comparant à la cote du déblais.

La hauteur du triangle s'obtient comme il a été dit (art. 188) ; c'est même pour cela que nous avons dit qu'il fallait savoir ces formules par cœur.

Pour les remblais, il suffira d'ajouter 1°. la demi-largeur de la route; 2°. la hauteur d'un triangle disposé comme celui dont nous venons de parler, et dont la base et la hauteur conduiront à des calculs analogues.

440. On appelle *points de passage* dans un profil en travers les points où le déblais cesse, et où commence le remblais : ces points sont toujours des sommets de triangle, et les formules de l'art. 188 doivent suffire pour en calculer les bases et les hauteurs.

441. Ces calculs préliminaires étant faits, on dispose le cahier des terrassemens sous la forme d'un tableau dont voici un modèle qui contient tous les cas qui peuvent se présenter.

Désignations des profils.	Distances des profils.	Indication des solides.	Surfaces en déblais.	Surfaces en remblais.	Déblais.	Remblais.
de 1 à 2	38, 50	Pyramide en déblais.	$1 = 0, 43$		5,52	
		Partie en déblais.	$1 = 2, 15$ $2 = 1, 28$		66,03	
		Déblais et remblais.	$1 = 0, 92$	$2 = 1, 17$	7,79	12,61
		Partie en remblais.		$1 = 0, 41$ $2 = 1, 86$		43,69
		Pyramide en remblais.		$2 = 0, 39$		5.00
de 2 à 3	27, 70	Pyramide en remblais.		$3 = 0, 81$		7,48
		Déblais et remblais.	$2 = 1, 28$	$3 = 1, 37$	8,56	9,77
		Partie en remblais.		$2 = 3, 42$ $3 = 3, 73$		99,03
		Pyramide en remblais.		$3 = 0, 61$		5,63

Il n'est pas besoin de dire comment on remplit les deux premières colonnes.

Pour remplir la troisième colonne, on conçoit que le solide compris entre deux profils consécutifs soit partagé par des plans verticaux parallèles à la grande ligne ou à l'axe de la route, et passant par les extrémités des profils qui s'étendent le moins en largeur, et par tous les points de passage.

Les plans extrêmes détachent des pyramides qui ont leurs bases sur les profils les plus larges; ainsi, par exemple, on voit que dans le solide compris entre les profils 1 et 2, il y a une pyramide dont la base est sur le profil n°. 1 ; cette pyramide est en déblais parce que la partie en déblais du profil n°. 1 s'étend plus en largeur que la partie correspondante du profil n°. 2. Au contraire, de l'autre côté, on a une pyramide en remblais dont la base est sur le profil n°. 2, ce qui suppose que la partie en remblais du profil n°. 2 s'étend plus en largeur que celle du profil n°. 1.

Quand les surfaces détachées par deux plans consécutifs sur les profils en travers sont de même nature, on obtient une partie en déblais ou bien une partie en remblais, et le solide a alors deux bases, une sur chaque profil.

Enfin, quand les deux plans consécutifs détachent sur les profils en travers des surfaces, l'une en déblais, l'autre en remblais, le solide se désigne par les mots *déblais* et *remblais*, et les bases sont, l'une sur un profil, l'autre sur l'autre profil, mais l'un est en déblais, l'autre en remblais.

Ainsi, l'indication des solides est aisée à faire; l'indication des numéros des profils où sont appuyées les bases de chaque solide se placera facilement aussi dans les deux colonnes suivantes : reste à déterminer les surfaces de ces bases.

Or, pour cela, il suffit de bien faire attention que toutes ces surfaces sont toujours composées de trapèzes ou de triangles. Si ce sont des trapèzes, les bases parallèles sont parallèles à la grande ligne : on les obtient facilement au moyen du calcul des cotes intercalaires, et en ayant égard à la cote rouge. Si ce sont des triangles, les formules de l'article 188 doivent suffire.

Reste donc à remplir les deux dernières colonnes. Pour une pyramide en déblais ou en remblais, si b est la base et d la distance des profils, le volume cherché étant v, on aura

$$v = \frac{b\,d}{3}$$

Pour une partie en déblais ou bien pour une partie en remblais, si d est la distance des profils, b l'une des bases, et b' l'autre base, v étant le volume, on aura

$$v = (b + b')\,\frac{d}{2}$$

Pour un solide indiqué par les mots déblais et remblais, si $b_{[d]}$ est la base en déblais, $b_{[r]}$ la base en remblais, d la distance des profils, $V_{[d]}$ le volume de déblais cherché, $V_{[r]}$ le volume de remblais cherché, on aura

$$V_{(d)} = \frac{d\,b_{(d)}^{2}}{2\,(b_{(d)} + b_{(r)})} \text{ et } V_{(r)} = \frac{d\,b_{(r)}^{2}}{2\,(b_{(d)} + b_{(r)})}$$

442. En suivant la marche qui vient d'être expo-

sée, il arrive presque toujours que les résultats des calculs de terrassemens présentent une différence plus ou moins forte entre les volumes des déblais et des remblais. S'il y a plus de déblais que de remblais, on est obligé de se débarrasser des terres en formant des cavaliers de dépôt; et si au contraire ce sont les remblais qui sont en excès, on est forcé de faire des chambres d'emprunt pour se procurer les terres dont on a besoin.

Il convient d'éviter de tomber dans l'un ou l'autre de ces deux inconvéniens, et pour cela il faut élever ou baisser l'axe du projet de route d'une quantité convenable pour rendre les déblais égaux aux remblais.

443. Supposons d'après cela qu'on ait calculé les terrassemens d'après une position adoptée provisoirement pour l'axe du projet, cette position ayant été fixée en cherchant le mieux qu'on ait pu à obtenir la compensation désirée.

Soit $V_{[d]}$ le volume total des déblais calculés au moyen des profils arrêtés provisoirement;

$V_{[r]}$ le volume total des remblais correspondans;

$L_{[d]}\, L'_{[d]}\, L''_{[d]}\, L'''_{[d]}$ etc. les largeurs en gueule des divers profils en déblais servant de base aux calculs de terrassemens provisoires;

$L_{(r)}\, L'_{(r)}\, L''_{(r)}$ etc. les largeurs à la base des profils en remblais;

x la hauteur dont il faut baisser ou élever l'axe pour établir la compensation désirée;

$W_{(d)}$ et $W_{(r)}$ les volumes des déblais et des remblais que l'on trouverait si on calculait les terrassemens après le déplacement de l'axe;

h, h', h'', etc. les distances entre les divers profils consécutifs, on aura

$$x = \frac{2\,(V_{(d)} - V_{(r)})}{A + B + C + D}$$

et $W_{(d)} = W_{(r)} = V_{(d)} - x\left(\dfrac{A+B}{2}\right)$

ou bien

$$W_{[d]} = W_{[r]} = V_{[r]} + x\left(\frac{C+D}{2}\right)$$

Nous avons, pour abréger, représenté par A, B, C, D des quantités dont les expressions sont fort simples et fort régulières, mais assez longues.

444. Admettons que $L_{[d]}$, $L'_{[d]}$, $L''_{[d]}$, etc. soient des largeurs en gueule appartenant à des profils en déblais consécutifs.

On pourra calculer une suite d'expressions de la forme

$$h\,(L_{(d)} + L'_{(d)}) + h'\,(L'_{(d)} + L''_{(d)}) + \text{etc.}$$

C'est-à-dire que lorsque deux profils consécutifs seront en déblais, on prendra la somme de leurs largeurs en gueule et on multipliera cette somme par la distance qui les sépare.

Cette suite d'expressions peut être représentée en écrivant

$$\Sigma\left[h^{(m)}\left(L^{(i)}_{(d)} + L^{(k+1)}_{(d)}\right)\right]$$

Le signe Σ indique que le terme général qui suit doit successivement prendre toutes les valeurs dont il est

22*.

susceptible en attribuant aux accens m, k et $k + 1$ qu'il ne faut pas confondre avec des exposans, toutes les valeurs que comporte la question; ceci est donc une notation qu'on pourrait énoncer en disant: *somme de tous les termes de la forme* : h accentuée m ; multiplié par $L_{(d)}$ accentué k, plus $L_{(d)}$ accentué $k + 1$.

445. Si, au lieu de raisonner sur des profils consécutifs en déblais, nous avions considéré des profils consécutifs en remblais, nous aurions pu dire les mêmes choses et arriver à une expression d'un terme collectif tel que

$$\Sigma \left[h^n \left(L_{(r)}^{(g)} + L_{(r)}^{(g+1)} \right) \right].$$

446. Enfin, si nous avions considéré des profils consécutifs alternativement en déblais et en remblais, nous aurions été conduits à écrire deux autres termes collectifs, savoir :

$$\Sigma \left(\frac{h^{(P)} \left(L_{(d)}^{(q)} \right)^2}{L_{(r)}^{(q)} + L_{(r)}^{(s)}} \right) \quad \text{et} \quad \Sigma \left(\frac{h^{(t)} \left(L_{(r)}^{(v)} \right)^2}{L_{(r)}^{(v)} + L_{(d)}^{(o)}} \right)$$

La première de ces expressions collectives, par exemple, signifie qu'il faut prendre le carré de la largeur en gueule d'un profil en déblais suivi d'un profil en remblais, diviser ce carré par la somme des largeurs en gueule et à la base de ces deux profils, et multiplier le quotient par la distance qui sépare les deux profils, faire de même pour tous les profils en déblais qui font face à des profils en remblais.

447. Ce sont ces expressions collectives que nous avons désignées, pour abréger, par A, B, C et D; ainsi on a

$$A = \Sigma \left[h^m \left(L_{(d)}^{(k)} + L_{(d)}^{(k+i)} \right) \right]$$

$$B = \Sigma \left(\frac{h^P \left(L_{[d]}^{q} \right)^2}{L_{[d]}^{[q]} + L_{[r]}^{[s]}} \right)$$

$$C = \Sigma \left[h^n \left(L_{[r]}^{[g]} + L_{[r]}^{[g+1]} \right) \right]$$

$$D = \Sigma \left(\frac{h^{[t]} \left(L_{[r]}^{[v]} \right)^2}{L_{[r]}^{[v]} + L_{[d]}^{[o]}} \right)$$

448. D'après cela, lorsqu'on aura terminé les calculs de terrassemens provisoires, on pourra établir à la suite un tableau analogue au suivant :

Numéros des profils.	Distance des profils.	Largeur en gueule.	Largeur à la base.	VALEURS NUMÉRIQUES DE			
				A.	B.	C.	D.
1		14, 50	0, 00				
	15, 00			415, 50	0, 00	0, 00	0, 00
2		13, 20	0, 00				
	18, 00			0, 00	126, 97	0, 00	96, 33
3		0, 00	11, 50				
	16, 00			0, 00	0, 00	376, 00	0, 00
4		0, 00	12, 00				
	17, 00			0, 00	55, 25	181, 90	55, 25
5		6, 50	5, 20				

Les totaux obtenus à la fin de chacune des quatre dernières colonnes donneront les valeurs numériques de A, B, C et D; les calculs à faire pour remplir ces colonnes sont comme on le voit fort simples, et par conséquent on aura, sans faire beaucoup de travail, immédiatement la quantité dont il faudra déplacer l'axe, et en même tems les nouveaux calculs de terrassemens tout faits, puisqu'on aura les résultats.

449. Il arrive souvent que lorsqu'on veut raccorder sur le terrain deux aliguemens par un arc de circonférence, le tracé du raccordement est difficile, à cause que le terrain se trouve tourmenté, et parce qu'aussi le rayon du cercle est considérable.

On peut se servir dans ces circonstances d'un instrument que nous appellerons *jalon compas* (fig. 23).

Cet instrument n'est autre chose qu'un jalon ordinaire, percé à sa partie supérieure d'une ouverture rectangulaire dans laquelle se meut une règle graduée.

Cette règle graduée porte à son extrémité un morceau de jalon percé à son centre pour laisser passer un fil à plomb.

Une vis de pression permet d'arrêter la règle graduée à un point déterminé.

Une pinnule adaptée au jalon donne un rayon visuel perpendiculaire à la direction de la règle graduée.

Si on appelle r le rayon de la circonférence à tracer sur le terrain, d la distance des piquets qui doivent dessiner la courbe, on aura

$$x = d \, \frac{\sqrt{4 \, r^2 - d^2}}{2 \, r}$$

$$y = \frac{d \, 2}{2 \, r}$$

$$x' = d \, \frac{(2 \, r^2 - d^2)}{2 \, r^2}$$

$$y' = d^2 \, \frac{\sqrt{4 \, r^2 - d^2}}{2 \, r^2}$$

Prolongez l'alignement d'une quantité égale à x à partir du point de tangence ; élevez une perpendiculaire égale à y à l'extrémité de ce prolongement ; plantez un piquet au sommet de cette perpendiculaire : ce piquet sera déjà un point de la courbe de raccordement ; sa distance au piquet planté au point de tangence devra se trouver précisément égale à d.

Prolongez maintenant l'alignement déterminé par le piquet du point de tangence et celui qu'on vient d'obtenir ; d'une quantité égale à x', tirez la règle graduée du jalon compas d'une quantité égale à y' ; alignez le jalon compas dans la direction des deux jalons plantés aux deux piquets précédens, et de manière que sa distance au plus voisin soit x' ; tournez le jalon compas sur sa douille jusqu'à ce que vous aperceviez le jalon suivant à travers la pinnule ; laissez tomber le fil à plomb, plantez un piquet, prolongez l'alignement de ce piquet et du précédent d'une quantité x' ; conservez la règle dans sa position, et poursuivez comme il vient d'être dit : vous serez conduits à placer sur le terrain des piquets éloignés les uns des autres d'une longueur d, et ils seront tous sur la circonférence du rayon r tangente à l'alignement primitif au point de tangence de départ.

QUATRIÈME PARTIE.

—

FORMULES DIVERSES.

450. Il nous reste, pour terminer ces Notes, à présenter quelques formules qui nous paraissent susceptibles de servir quelquefois, et qui par leur diversité n'appartiennent précisément à aucun des chapitres qui précèdent.

Supposons d'abord qu'on se trouve sur le terrain et qu'on ait besoin de jalonner deux alignemens perpendiculaires entr'eux. On n'aura qu'un cordon pour tout instrument, et le tracé qu'on veut faire ne nécessite point une précision rigoureuse.

Tendez le cordon, mesurez à partir de l'une de ses extrémités trois longueurs égales, en d'autres termes portez sur le cordon trois fois bout à bout une petite baguette quelconque, faites un nœud ou une marque, poursuivez en portant la baguette quatre fois bout à bout, faites un autre nœud, poursuivez encore et portez la baguette cinq fois bout à bout, faites un troisième nœud.

Réunissez ce dernier nœud avec l'extrémité de

départ, faites saisir les deux nœuds intermédiaires
par deux personnes, et que chacune tire fortement à
soi : vous formerez un triangle funiculaire rectangle
et l'angle droit sera opposé au cordon comprenant
cinq fois la longueur de la baguette.

Les deux côtés de ce triangle rectangle pourront
donc servir à fixer sur le terrain les directions respectives des alignemens rectangulaires dont on a besoin.

451. Admettons qu'on n'ait à sa disposition pour
tout instrument qu'un compas et point de règle : il
s'agit de placer sur une feuille de dessin quatre points
représentant les quatre sommets d'angle d'un carré.

Pour y parvenir, décrivez une circonférence,
marquez son centre, prenez un point sur cette circonférence ; à partir de ce point portez trois fois le
rayon sur la circonférence : le point de départ, le
centre et le point d'arrivée seront en ligne droite.

Prenez ce point d'arrivée pour centre, ne changez
pas l'ouverture du compas, décrivez une seconde
circonférence, portez le rayon trois fois sur cette seconde circonférence, à partir du centre de la première : le point où vous vous arrêterez sera en ligne
droite avec les précédens.

En continuant comme il vient d'être dit, rien ne
sera plus facile que d'établir huit points æqui-dis-
tans et situés en ligne droite.

Numérotez les 1, 2, 3 et 8 ; prenez le point n°. 1
pour centre et la distance de 1 à 6 pour rayon ; décrivez une circonférence, prenez le point n°. 5 pour
centre et la distance de 5 à 8 pour rayon ; décrivez

une autre circonférence, ces deux circonférences se couperont en deux points qui avec les points n°. 2 et n°. 8 feront les sommets des quatre angles cherchés.

452. Par un point donné faire passer une circonférence tangente à la fois à deux droites.

Pour cela, divisez en deux parties égales l'angle de ces droites dans lequel se trouve le point donné; abaissez de ce point donné une perpendiculaire sur la droite de division; prolongez-la en poursuivant d'une quantité égale à elle-même; prenez cette perpendiculaire ainsi prolongée pour diamètre, et décrivez une circonférence dont le centre sera par conséquent sur la ligne de division.

Prolongez maintenant le diamètre de la circonférence qui vient d'être décrite jusqu'à la rencontre d'une des deux droites données; par ce point de rencontre menez une tangente à la circonférence, portez la longueur de cette tangente sur la droite donnée en conservant fixe le point déjà commun à ces deux droites, vous déterminerez ainsi le point de contact de la circonférence cherchée avec l'une des deux droites proposées, et rien ne sera plus facile que d'achever la construction comme il a été exposé (art. 112).

453. On veut conserver deux portions de route formant deux alignemens quelconques : il s'agit de passer de l'un à l'autre de ces alignemens en parcourant une courbe et contre-courbe de raccordement.

Il faut que la première courbe soit tangente au premier alignement et à son extrémité; que la deuxième courbe soit tangente à l'extrémité du second alignement, et que ces deux courbes soient tangentes entr'elles dans l'intervalle à franchir.

Pour cela, soit SA le premier alignement, CC' le second alignement (*Fig.* 24).

Elevez AB perpendiculaire sur SA, prenez sur cette perpendiculaire AB un centre quelconque M.

Elevez maintenant CG perpendiculaire sur CC', prenez CG = AM, menez MG, menez MM' de manière que l'angle M'MG soit égal à l'angle MGM', les points M et M' seront les centres de deux circonférences qui satisferont aux conditions de la question.

454. Si on voulait résoudre la question précédente en s'imposant encore la condition d'adopter deux rayons égaux pour décrire la courbe et contre-courbe, ou en d'autres termes si en conservant les dénominations qui précèdent et la figure 24, on voulait que MA = CM', alors il ne faudrait plus prendre MA arbitrairement, mais en posant

$$AD = a \qquad DC = b$$

et appelant α l'angle BSA des deux alignemens, on aura

$$MA = P \pm \sqrt{P^2 + Q^2}$$

Les quantités P et Q sont faciles à calculer, car on a

$$P = \frac{a \, sin. \, \alpha - b \, (R + cos. \, \alpha)}{2 \, (R - cos. \, \alpha)}$$

$$Q' = \frac{R(a^2 + b^2)}{2(R - cos. \alpha)} - \frac{ab \, sin. \alpha}{R - cos. \alpha}$$

R étant le rayon des tables.

455. Il existe de petits niveaux portatifs qui se composent d'un niveau à bulle d'air porté sur une plaque de cuivre : une vis de rappel peut rapprocher ou écarter le tube de la plaque de cuivre ; cette vis est placée à l'extrémité du tube, qui est maintenu contre la règle à son autre extrémité par une articulation ou charnière.

Ces sortes de niveaux servent à dresser des surfaces telles qu'un parquet, un billard, etc. ; ils remplacent avec avantage les niveaux de charpentiers, mais ils sont sujets à se déranger.

Pour les remettre dans l'état convenable, c'est-à-dire pour les centrer (c'est l'expression usitée), prenez une longue règle, fixez-en l'une des extrémités de manière à pouvoir faire varier son inclinaison; ainsi, par exemple, clouez-la avec une pointe de Paris contre une pièce de bois solidement établie.

Placez verticalement à l'extrémité mobile une règle graduée, celle d'une mire, par exemple.

Posez le niveau sur la grande règle, marquez avec un crayon les points qui portent la plaque en cuivre, faites monter ou descendre l'extrémité mobile de la grande règle jusqu'à ce que la bulle soit au milieu, notez la cote fournie par la mire.

Retournez maintenant le niveau bout pour bout,

remettez bien exactement les appuis de la plaque sur les marques que vous avez faites au crayon.

Faites de nouveau descendre ou monter l'extrémité mobile de la grande règle jusqu'à ce que la bulle soit au milieu, notez la nouvelle cote fournie par la mire.

Prenez la moyenne des deux cotes, c'est-à-dire la moitié de leur somme, faites correspondre l'extrémité mobile de la grande règle à la division de la mire qui marque cette moyenne; tournez la vis de rappel à droite ou à gauche jusqu'à ce que la bulle arrive au milieu, et alors votre niveau sera centré.

456. Le même procédé qui vient d'être exposé dans l'article précédent peut servir à centrer un niveau de charpentier, seulement après avoir mis la règle dans la position commandée par la cote moyenne; il faut faire arriver le fil à plomb sur la verticale qui représente la hauteur du triangle rectangle, en rabotant l'hypoténuse de ce triangle pour la démaigrir du côté convenable.

457. Supposons qu'un entrepreneur ait fait une soumission pour exécuter des empierremens sur une route.

La pierre doit être prise dans une carrière située à une distance D de la route; la chaussée absorbera m mètres cubes de pierres cassées par mètre courant; les matériaux seront obligés de suivre la route pendant une longueur D' pour arriver à l'origine des travaux.

La soumission de l'entrepreneur est faite d'après

un sous-détail qui accorde une somme S comprenant l'indemnité de carrière, l'extraction, le cassage et la façon de l'empierrement, et qui porte que le transport sera calculé d'après la formule $\dfrac{9d + 3600}{12800}$.

Ce sous-détail est rédigé d'une manière analogue à ce qui suit :

Indemnité de carrière,	0, 10
Extraction,	2, 12
Cassage,	1, 20
Façon de l'empierrement,	0, 23
Transport suivant la formule $\dfrac{9d+3600}{12800}$	«, ««
Total,	«, ««
$\dfrac{1}{20}$ pour outils et faux frais,	«, ««
Total,	«, ««
$\dfrac{1}{10}$ de bénéfice pour l'entrepreneur,	«, ««
Prix du mètre cube,	«, ««

Quoique ce détail paraisse incomplet, il peut suffire pour motiver une soumission raisonnée, car l'entrepreneur sait bien si le prix du transport est suffisant, et par conséquent quelque soit le travail qu'on lui commande, il comprend que le transport sera compté d'une manière conforme à son marché.

23*.

On veut faire dépenser à l'entrepreneur un crédit c, quelle sera la longueur de l'empierrement qu'il devra faire.

Si on appelle L cette longueur, on aura

$$L = -A + \sqrt{A^2 + B}$$

Les quantités A et B seront faciles à calculer, car on aura

$$A = \frac{12800\,S}{9} + D + D' + 400$$

et
$$B = \frac{5120000}{2079} \times \frac{C}{m}$$

458. Deux carrières servent à entretenir une route, l'usage a fait remarquer qu'en raison des qualités particulières des matériaux qu'elles fournissent, il en faut n mètres cubes de la première pour faire le même effet que n' mètres cubes extraits à la seconde.

La première carrière communique à la route par un chemin qu'il faut parcourir et qui offre une distance D ; la seconde nécessite un trajet D' pour arriver à la route.

Les deux points auxquels on aboutit sur la route en partant des deux carrières sont séparés par une longueur L.

On veut savoir à quelle distance de la première carrière il faudra cesser de porter les matériaux qui en proviennent, et par conséquent à quel point il devient utile d'employer la pierre de la seconde carrière.

La formule du transport sera pour les deux carriè-res $\dfrac{9d + 3600}{12800}$ mais les sous-détails que nous sup-posons conçus d'une manière analogue à celui qui figure à l'article précédent, accordent une somme S pour tout ce qui est invariable dans le prix du mètre cube de la première carrière, et une somme S' pour tout ce qui est invariable dans le prix du mètre cube provenant de la seconde.

Si nous appelons $x + D$ la distance cherchée, alors x sera la longueur de la partie de route à en-tretenir avec les matériaux de la première carrière, et l'on aura

$$x = A + B.$$

Les quantités A et B seront faciles à calculer, car on aura

$$A = \frac{6400\,(S' - S)}{9} \quad \text{et} \quad B = \frac{L + D' - D}{2}$$

459. On appelle balances trompeuses ou fraudu-leuses des balances qui ne sont pas en équilibre quand on met des poids égaux dans chaque bassin.

Pour peser un objet avec de pareilles balances, on peut placer cet objet dans un des bassins, l'équili-brer avec du sable ou autre chose, enlever ensuite l'objet et mettre des poids conformes au système re-connu pour équilibrer de nouveau : il est évident que ces poids représenteront la valeur cherchée.

On peut encore peser successivement l'objet dans les deux bassins, alors on obtient deux poids faux

P' et P'', et si on appelle P le véritable poids de l'objet, on aura

$$P = \sqrt{P'\,P''}$$

460. Considérons un ressort enfermé dans un barillet, et supposons que R soit le rayon de ce barillet mesuré intérieurement, r le rayon du pignon, n le nombre de tours que doit accomplir le barillet quand le ressort est bandé; que $\dfrac{1}{a}$ soit la partie de la surface intérieure qu'on laisse libre, c'est-à-dire qui n'est pas occupée par le ressort, e l'épaisseur du ressort et L sa longueur, on aura

$$e = -A + \sqrt{A^2 + B}$$

$$L = \frac{\pi\,(a-1)\,(R^2 - r^2)}{a\,(-A + \sqrt{A^2 + B})}$$

$$a = \frac{\pi\,(R^2 - r^2)}{\pi\,(R^2 - r^2) - eL}$$

$$n = -P + \sqrt{P^2 + Q}$$

Les quantités A, B, P et Q, qui ne sont pas des élémens de la question, ne servent que comme moyen d'abréviation, et l'on a

$$A = \frac{R + (8n + 1)\,r}{2\,(n-1)\,(4n+1)}$$

$$B = \frac{4\,(a-1)\,(R^2 - r^2)}{a\,(n-1)\,(4n+1)}$$

$$P = \frac{8\,r - 3\,e}{8\,e}$$

$$Q = \frac{L}{\pi\,e} + \frac{e - R - r}{4\,e}$$

Avec ces équations on pourra toujours facilement calculer les valeurs de deux des quatre quantités e, L, a et n quand on connaîtra les deux autres.

461. Lorsqu'on établit une machine à vapeur, il est nécessaire de prendre les précautions convenables pour être à l'abri des accidens : les plus importantes sont relatives aux chaudières.

Il faut d'abord les placer dans un local offrant au moins vingt-sept fois le volume des chaudières.

Si on appelle E l'épaisseur des feuilles de tôle employées dans la fabrication d'une chaudière et mesurée en millimètres, d le diamètre intérieur de cette chaudière exprimé en centimètres, n le nombre d'atmosphères sous lesquelles la machine doit fonctionner, on aura

$$E = \frac{18\,(n-1)\,d + 3000}{1000}$$

Il faut adapter à chaque chaudière deux soupapes de sûreté : chacune de ces soupapes doit avoir le même diamètre.

Si on appelle d ce diamètre commun, c la surface de chauffe estimée en mètres carrés, c'est-à-dire la surface de la chaudière qui reçoit l'action du feu, et n le nombre d'atmosphères, on aura

$$d = 2,6o \sqrt{\frac{c}{n - o,4_{12}}}$$

Chaque chaudière de machine à vapeur doit être munie de deux rondelles en métal fusible.

La première, d'un diamètre au moins égal à la moitié de celui d'une des soupapes, et qui doit être faite en métal dont l'alliage soit de nature à se fondre ou se ramollir suffisamment pour s'ouvrir à un degré de chaleur supérieur de dix degrés centigrades à la température de la vapeur, dont la tension est portée au nombre d'atmosphères sous lesquelles la machine doit fonctionner.

La seconde, d'un diamètre au moins égal à celui d'une ses soupapes, et qui doit être faite en métal dont l'alliage soit de nature à se fondre ou à se ramollir suffisamment pour s'ouvrir à un degré de chaleur supérieur de vingt degrés centigrades à la température de la vapeur dont la tension correspondrait au nombre d'atmosphères sous lesquelles la machine doit fonctionner.

Enfin, comme la matière avec laquelle on fabrique la tôle peut varier de solidité, et que nonobstant les précautions qui précèdent, il pourrait encore arriver des accidens si les feuilles de l'épaisseur prescrite n'offraient pas la résistance ordinaire, il convient encore de soumettre la chaudière à une épreuve qui consiste à charger les soupapes d'un poids triple de celui qui peut faire équilibre au nombre d'atmosphères sous lesquelles la machine doit fonctionner, et à introduire au moyen d'une pompe foulante dans l'intérieur de la chaudière une quantité d'eau suffisante pour qu'elle sorte violemment et en gerbe en soulevant les soupapes.

Par ce moyen, on s'assure que la chaudière peut supporter trois fois la pression qu'elle soutiendra d'ordinaire, ce qui est une garantie suffisante.

Si on appelle P le poids en kilogrammes qu'il faut faire porter sur la soupape dans cette épreuve, r le rayon de la soupape mesuré en centimètres, et n le nombre d'atmosphères sous lesquelles la machine doit fonctionner, on aura

$$P = 3,099 \, \pi \, r^2 \, (n - 1).$$

Il nous reste à faire connaître les températures de la vapeur lorsque la tension correspond à divers nombres d'atmosphères : le tableau suivant donnera le complément dans les limites ordinaires.

NOMBRES D'ATMOSPHÈRES.	TEMPÉRATURE EN DEGÉS CENTIGRADES.
1	100
$1\frac{1}{2}$	112, 2
2	122
$2\frac{1}{2}$	129
3	135
$3\frac{1}{2}$	140, 7
4	145, 2
$4\frac{1}{2}$	150
5	154
$5\frac{1}{2}$	158
6	161, 5
$6\frac{1}{2}$	164, 7
7	168
$7\frac{1}{2}$	170, 7
8	173

462. Supposons que nous voulions calculer le tems qu'emploiera une voiture de poste pour parcourir une route quelconque depuis un point donné jusqu'à

un autre point donné, en supposant qu'on exige des chevaux le travail qu'ils peuvent faire lorsqu'ils ont une vigueur ordinaire et qu'on les conduit raisonnablement.

Il faut commencer par examiner la route pour voir si la nature et l'état de la chaussée permettent d'espérer partout le même effort de traction, abstraction faite des pentes et rampes.

Admettons que l'état d'entretien soit le même tout le long de la distance à parcourir, et que la nature de la chaussée ne varie pas, il faudra commencer par choisir un endroit horizontal, et si P est le poids d'une voiture, examiner quel serait le poids qu'il faudrait placer dans un bassin pour qu'agissant sur la flèche de la voiture au moyen d'une poulie de renvoi, il fût sur le point de la faire mouvoir ; soit P' le poids capable de produire cet effet, on aura

$$\frac{P}{P'} = n$$

On voit donc que l'on aura autant de valeurs différentes pour n qu'il y aura de parties où la chaussée donnera des tirages différens.

Alors, si on prend l'heure pour unité tems, et le mètre pour unité longueur, on aura, en désignant par α l'inclinaison d'une partie de la route :

$$V = 24000 - 400\, c\, (tang.\; \alpha + n).$$

Pour la vitesse de la voiture en rampe, c étant le poids de la voiture divisée par le nombre des chevaux

24.

de l'attelage, c'est-à-dire la charge traînée par un cheval, on aura aussi

$$V = 35 \, (c - 4000. \, tang. \, \alpha)$$

pour la vitesse de la voiture à la descente.

Il n'y aura donc qu'à mesurer les longueurs et les inclinaisons des diverses parties de la route, et si on appelle

$$L, L', L'', L''' , \text{etc.}$$

ces diverses longueurs, on pourra facilement calculer les vitesses correspondantes qui seront, par exemple :

$$V, V', V'', V''' , \text{etc.}$$

et si on appelle T le tems nécessaire pour parcourir la longueur totale, on aura

$$T = \frac{L}{V} + \frac{L'}{V'} + \frac{L''}{V''} + \text{etc.}$$

Il est bon de se rappeler que partout où la première formule donnerait une valeur de V plus petite que 4000, il faudrait la rejeter et prendre 4000; c'est que dans ce cas il s'agirait d'une rampe trop raide, mais comme on ne suppose pas qu'il y en ait d'impraticables, alors il faut admettre que les chevaux marcheront au pas avec une vitesse de 4000m. à l'heure, il en résultera seulement pour eux un surcroît de fatigue.

De même si la seconde formule donnait pour V une valeur plus grande que 14400, il faudrait la rejeter et conserver 14400; c'est que dans ce cas la descente serait trop rapide et la voiture, en poussant les chevaux, tendrait à accélérer leur marche, qui pourtant ne doit pas excéder 14400^m. par heure : elle ne doit pas non plus être au dessous de 4000^m., comme dans l'autre formule.

463. Supposons que l'on considère un cours d'eau et qu'on veuille connaître le nombre de mètres cubes d'eau qu'il fournit par seconde.

Pour y parvenir, on choisira le long de la rivière une partie dont le lit présenterait une section régulière et uniforme autant que possible; on relevera sur cette partie un assez grand nombre de profils en travers, et on estimera les surfaces comprises pour chacune de ces sections entre le fond de la rivière et le niveau de l'eau.

On ajoutera toutes ces surfaces et on divisera le total par le nombre des profils relevés; le quotient sera la section moyenne de la rivière, et nous la désignerons par S.

Si on appelle P le produit du cours d'eau, c'est-à-dire le nombre de mètres cubes d'eau qu'il fournit par seconde, et V la vîtesse moyenne du courant, c'est-à-dire la longueur en mètres parcourue en une seconde par un filet d'eau dont la vîtesse serait la moyenne de celles qu'auraient tous les filets d'eau qui forment la rivière, on aura

$$P = V\,S.$$

Il ne reste plus qu'à déterminer la quantité V; pour cela, il suffit de jeter au milieu du courant de petits corps légers, et si on appelle L la somme des longueurs parcourues, et t le tems ou le nombre de secondes employées pour faire les divers trajets successifs des flotteurs mis en expérience , on aura

$$V = \frac{w\,(w + 2,\,73187)}{w + 3,\,1532}$$

et
$$w = \frac{L}{t}$$

w représente ici la vitesse du courant à la surface et au milieu de la rivière.

464. Concevons un orifice circulaire livrant passage à de l'eau retenue en amont d'un barrage au travers duquel cet orifice est pratiqué.

Soit r le rayon de l'orifice , h la hauteur de l'eau en amont, mesurée à partir du centre de l'orifice , P le nombre de mètres cubes d'eau représentant la dépense de l'orifice par seconde, on aura

$$P = \pi\,r^2\,\sqrt{2\,g\,h}\left(1 - \frac{r^2}{32\,h^2} - \frac{5\,r^4}{1024\,h^4}\right)$$

π est le rapport de la circonférence au diamètre, et g est la gravité, c'est-à-dire 9, 8088.

Si l'orifice avait une figure quelconque, on aurait à peu près la dépense d'eau en cherchant celle que fournirait un orifice circulaire de surface équivalente et dont le centre correspondrait au centre de gravité de la figure de l'orifice.

465. Considérons une rivière dont le cours serait rectiligne, la pente uniforme et la dépense d'eau constante, et supposons qu'on veuille savoir d'avance-

quel serait l'effet d'un barrage d'une certaine hauteur établi en travers de son cours.

Supposons que la section transversale de cette rivière soit partout la même, et qu'elle offre pour rives deux talus raccordés dans le bas par une partie curviligne formant le fond de la rivière.

Cette section aurait donc la figure d'un trapèze dont la petite base représenterait le fond de la rivière.

Appelons λ la corde de cette partie curviligne, qui par hypothèse sera toujours couverte d'eau.

L la longueur de cette même partie curviligne développée.

K la flèche de cette courbe au point le plus bas.

Ω l'aire comprise entre la corde λ et la partie curviligne L.

t la tangente de l'angle des talus de la rivière avec la verticale.

D la dépense d'eau ou le produit de la rivière.

S le sinus de l'inclinaison du fond de la rivière avec l'horizon.

g la pesanteur, c'est-à-dire 9, 8088.

P la longueur du périmètre mouillé de la section transversale.

ω la surface de la partie mouillée de la section.

v la vitesse moyenne du courant.

Posons alors :

$$a = 0,0000444499.$$
$$b = 0,000309314.$$

Nous aurons

$$a\,D = \alpha, \qquad b\,D^2 = \beta \qquad S = \gamma$$

24*.

$$L = \alpha' \qquad 2\sqrt{1 + t^2} = \beta'.$$

$$\Omega = \alpha'' \qquad \lambda = \beta'' \quad \text{et} \quad t = k'''.$$

$$A = \gamma\gamma''^3.$$

$$B = 3\gamma\beta''\gamma''^2.$$

$$C = 3\gamma\alpha''\gamma''^2 + 3\gamma\gamma''\beta''^2.$$

$$D = 6\gamma\alpha''\beta''\gamma'' + \gamma\beta''^3 - \alpha\beta'\gamma''.$$

$$E = 3\gamma\gamma''\alpha''^2 + 3\gamma\alpha''\beta''^2 - \alpha\alpha'\gamma'' - \alpha\beta'\beta''.$$

$$F = 3\alpha''^2\beta'' - \alpha\alpha'\beta'' - \alpha\alpha''\beta' - \beta\beta'.$$

$$G = \gamma\alpha''^3 - \alpha\alpha'\alpha'' - \alpha'\beta.$$

nous aurons

$$Az^6 + Bz^5 + Cz^4 + Dz^3 + Ez^2 + Fz + G = 0.$$

Avec un peu d'attention et de soin, il sera facile d'obtenir les valeurs de A, B, C, D, E, F et G en nombres : alors on mettra à la place de z la hauteur d'eau qu'on aura trouvée en mesurant la profondeur au milieu de la rivière. Si le premier membre devient zéro, c'est que si h est la hauteur d'eau en question, on a $\qquad z = h.$

Si, au contraire, le premier membre ne devient pas zéro, il faudra bien qu'il devienne positif ou négatif, alors on mettra pour z un autre nombre $h + m$, m étant une augmentation assez faible. Si le résultat de cette nouvelle substitution change de signe, alors la valeur de z est comprise entre h et $h + m$; on n'aura donc qu'à essayer $h + \frac{1}{2}m$, ou bien ensuite $h + \frac{1}{4}m$, jusqu'à ce qu'on approche assez d'un résultat zéro.

Si, au contraire, le résultat de la substitution ne change pas de signe, il faut essayer $h + 2m$, $h + 3m$, etc., ou bien $h - m$, $h - 2m$, etc. On voit donc qu'avec un peu d'attention on n'aura pas besoin de tâtonner long-tems pour trouver une valeur de z qui rendra le premier membre de l'équation égal à zéro, soit H la valeur de z qui produit cet effet.

Ceci une fois établi, il ne s'agira plus pour résoudre la question des effets des barrages que de former un tableau à quatorze colonnes.

La première colonne se remplira en écrivant pour premier nombre une quantité x fournie par l'équation

$$x = H + H' - K$$

H' étant la hauteur de l'eau en amont et tout près du barrage, au-dessous de ce nombre on en écrira une suite d'autres qu'on obtiendra en les diminuant toujours et successivement d'une certaine quantité assez petite.

La première colonne étant remplie, si on appelle y un nombre quelconque de la seconde correspondant à un nombre x de la première, on aura,

$$y = \Omega + x (\lambda + t x),$$

rien ne sera donc plus aisé que de remplir la seconde colonne.

De même, si z est un nombre quelconque de la troisième colonne correspondant aux nombres x et y des deux premières, on aura

$$z = \frac{D}{y}.$$

Maintenant si x', y', z', x'', y'', z'', x''', y''', z''', X et Y représentent des nombres qui doivent figurer dans les colonnes suivantes, vis-à-vis ceux calculés dans les précédentes, on aura

$$x' = \frac{z^2}{2\,g}$$

$$y' = 2\,\lambda + 4\,t\,x$$

$$z' = x'\,y'$$

$$x'' = y - z'$$

$$y'' = t\,y$$

$$z'' = L + 2\,x\,\sqrt{1+t^2}$$

$$x''' = a\,z + b\,z^2$$

$$y''' = z''\,x'''$$

$$z''' = y'' - y'''$$

$$X = \frac{x''}{z'''}$$

Et enfin pour avoir les valeurs de Y il faudra toujours prendre la moitié de la somme de deux valeurs consécutives de X et multiplier la moyenne par la différence dont on a fait décroître les nombres de la première colonne.

Les valeurs de Y ne doivent pas être posées de manière à correspondre vis-à-vis les nombres qui précèdent dans les autres colonnes ; elles doivent toujours tomber entre deux lignes : ainsi la première valeur de Y sera vis-à-vis le milieu de l'espace qui sépare les deux premières valeurs de X, et ainsi de suite.

Le tableau étant bien soigneusement rempli conformément aux indications qui précèdent, voici l'usage qu'on en peut faire :

Si on a eu soin de faire décroître les nombres de la première colonne successivement d'une petite quantité Δ, H' sera la hauteur de l'eau en amont et tout près du barrage; $H' - \Delta$ sera la hauteur de l'eau en amont du barrage et à une distance de ce barrage égale à la première valeur de Y; $H' - 2\Delta$, $H' - 3\Delta$ $H' - 4\Delta$, etc., seront les hauteurs d'eau en amont du barrage et correspondant à des distances dont les longueurs seront fournies par les deux premières, les trois premières, les quatre premières valeurs de Y, et ainsi de suite.

En résumé, chacune des valeurs de Y indique la longueur qu'il faut parcourir successivement en remontant la rivière pour que la hauteur d'eau diminue de Δ.

D'après cela, il sera facile de rapporter d'avance sur le profil en long d'une rivière une ligne indiquant au-dessus de la ligne d'eau établie au moyen du nivellement, une autre ligne d'eau représentant celle qu'affectera la rivière si on y établit un barrage déterminé.

Ce qui précède suppose que la rivière offre un cours rectiligne, une pente uniforme et une dépense d'eau constante : ces circonstances ne se présentent jamais exactement, mais on peut partager la rivière en parties assez courtes pour que ces hypothèses deviennent admissibles, et le résultat des calculs sera sensiblement d'accord avec la vérité.

466. Lorsqu'on établit dans un coursier une roue hydraulique et qu'on désire obtenir le maximum d'effet que le courant d'eau peut donner, il faut qu'après avoir frappé la roue, l'eau continue sa route avec une vîtesse deux fois moindre qu'avant la rencontre.

467. Peut-être ne trouvera-t-on pas déplacé que nous donnions ici la description d'un instrument qui résoud une question dont l'énoncé peut paraître fort bizarre au premier abord.

Suspendre un objet de manière que le point de suspension soit au-dessus de l'objet, et que ce point de suspension ne soit en contact avec aucun corps solide.

La figure 25 représente une coupe faite dans l'instrument : il consiste dans un cylindre creux, mais entièrement fermé, et dont la base inférieure est un cercle d'un rayon un peu plus grand que celui du cylindre, un rebord règne autour de ce cercle et forme une sorte de galerie circulaire autour du pied du cylindre.

Un second cylindre ouvert par le bas et d'un rayon un tant soit peu plus grand que le premier, peut, s'il nous est permis de nous exprimer ainsi, coiffer le premier, et son bord inférieur arrive jusque près du fond de la galerie; il reste donc un peu de jeu partout entre les deux cylindres, qui dès-lors n'ont aucun point de contact.

Un crochet soutient le grand cylindre, un autre crochet placé sous la galerie peut supporter un bassin de balance, et si on verse un peu de mercure dans la galerie, il est évident que l'appareil se soutiendra.

Peut-être serait-il possible d'utiliser cet instrument pour en faire une balance d'essai : il faudrait adapter au-dessus du grand cylindre un tube qui porterait un robinet; ce tube affecterait une position presqu'horizontale au-delà du robinet, puis il reviendrait s'ajuster de nouveau au-dessus du grand cylindre.

Un petit index mercuriel pourrait se mouvoir dans la partie du tube légèrement inclinée, et cet index descendrait à la partie la plus basse dès qu'on ouvrirait le robinet.

Une pompe aspirante serait adaptée au-dessus du grand cylindre, on fermerait le robinet avant de mouvoir le piston, alors l'air contenu dans un petit renflement du tube situé au-dessous du robinet se dilaterait, chasserait l'index jusqu'à une certaine division du tube, on ouvrirait le robinet, l'index redescendrait et l'on continuerait ainsi jusqu'à ce que le bassin de la balance soulevât l'objet à peser. On pourrait peut-être, en ayant égard à toutes les circonstances de la question, calculer une formule qui ferait connaître le poids de l'objet au moyen du nombre de divisions parcourues par l'index. Dans tous les cas cet appareil nous paraît assez curieux comme instrument de physique.

468. Nous ne terminerons point ces Notes sans nous expliquer au sujet de la suscription que nous

nous sommes permis de placer en tête de ce recueil.

Nous n'avons point la prétention de croire que cet ouvrage, qui n'est en quelque sorte qu'une compilation, soit digne d'être offert à notre ancien maître. Des disciples habiles ont prouvé que ce professeur honorable donnait de savantes leçons; mais nous avons pensé que nous n'abuserions point d'un tel nom en témoignant, autant qu'il est en nous, que M. Brisson savait inspirer à ses élèves respect et affection pour lui-même, en même tems que le désir de se rendre utiles.

FIN.

TABLE
DES MATIÈRES:

---

§. I. *Systême d'unités concrètes adopté.*

MESURE DE L'ESPACE.

UNITÉS LONGUEUR.

UNITÉS SURFACE.

§. III. *Des équations.*

§. IV. *Des rapports et proportions.*

§. V. *Des progressions.*

§. VI. *Des quantités irrationnelles.*

§. VII. *Des logarithmes.*

§. VIII. *Des fractions continues.*

~~~~~~

PREMIÈRE PARTIE.

—

CHAPITRE I.

FORMULES GÉNÉRALES.

CHAPITRE II.

FORMULES DE GÉOMÉTRIE.

§. I. Détails sur l'espace.

LIGNES.

SURFACES.

SURFACES COURBES.

SOLIDES.

CHAPITRE III.

FORMULES POUR EVALUER LE TEMS.

CHAPITRE IV.

FORMULES DE MÉCANIQUE.

CHAPITRE V.

FORMULES DE COMPTABILITÉ.

DEUXIÈME PARTIE.

—

CHAPITRE I.

DES MATÉRIAUX.

—

§. I. *Des pierres.*

§. II. *De la brique.*

26*

§. III. *De la chaux.*

§. IV. *Du sable.*

§. V. *Du ciment.*

§. VI. *De la pouzzolane.*

§. VII. *Des ciments Romains.*

§. VIII. *Des mortiers.*

§. IX. *Du béton.*

CHAPITRE II.

MAÇONNERIE.

CHAPITRE III.

CHARPENTE.

TROISIÈME PARTIE.

—

[CHAPITRE I.

TRAVAUX D'ART.

CHAPITRE II.

ETABLISSEMENT DES ROUTES NEUVES.

§. I. *Points de sujétion.*

§. VIII. *Réglement des pentes ou rampes,*

§. IX. *Profils en travers.*

§. X. *Calculs de terrassemens.*

QUATRIÈME PARTIE.

FORMULES DIVERSES.

FIN DE LA TABLE.

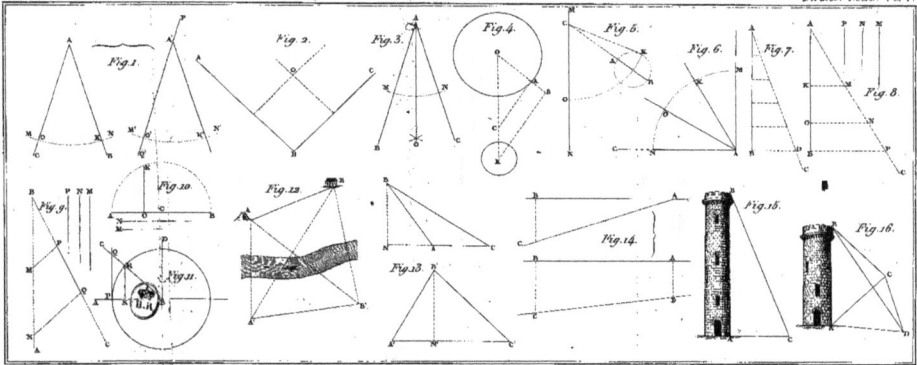

Fig. 1. Fig. 2. Fig. 3. Fig. 4. Fig. 5. Fig. 6. Fig. 7. Fig. 8. Fig. 9. Fig. 10. Fig. 11. Fig. 12. Fig. 13. Fig. 14. Fig. 15. Fig. 16.

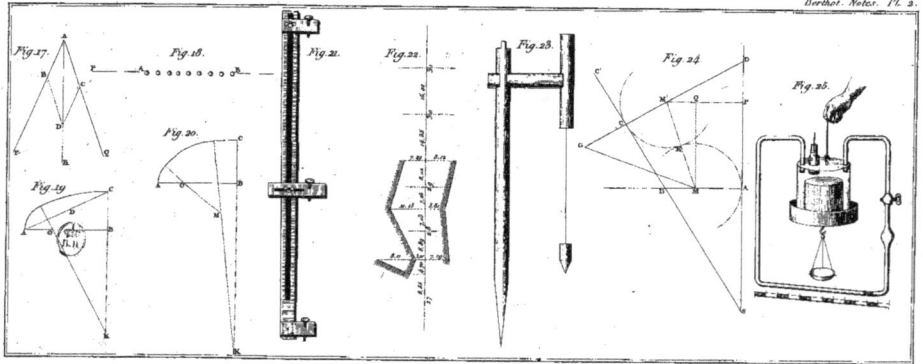

Fig.17. Fig.18. Fig.21. Fig.22. Fig.23. Fig.24. Fig.25.

Fig.19. Fig.20.

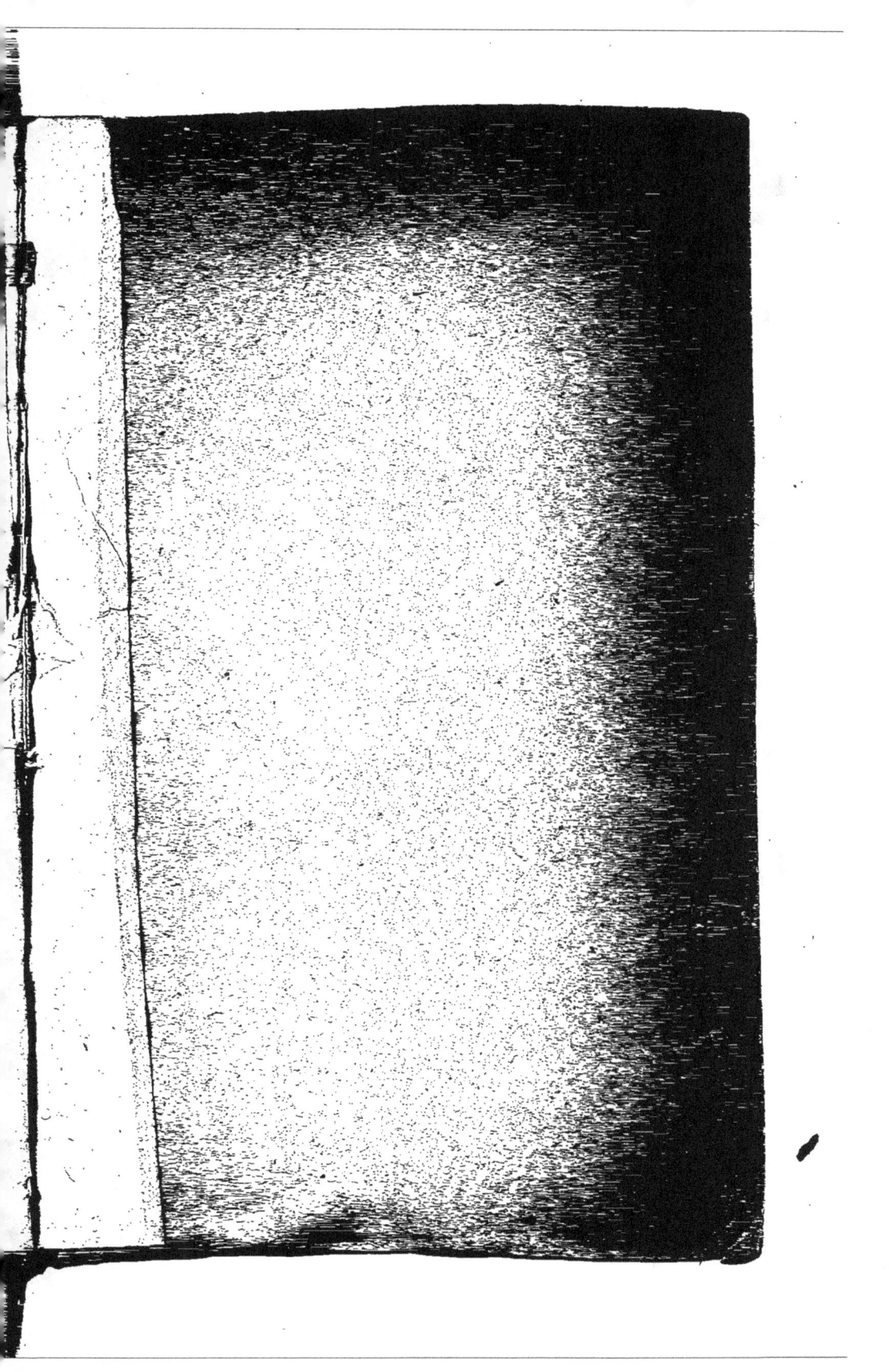

www.ingramcontent.com/pod-product-compliance
Lightning Source LLC
Chambersburg PA
CBHW050500270326
41927CB00009B/1828